〈女子力〉革命

人生100年時代を生きぬくために

萱野稔人 編

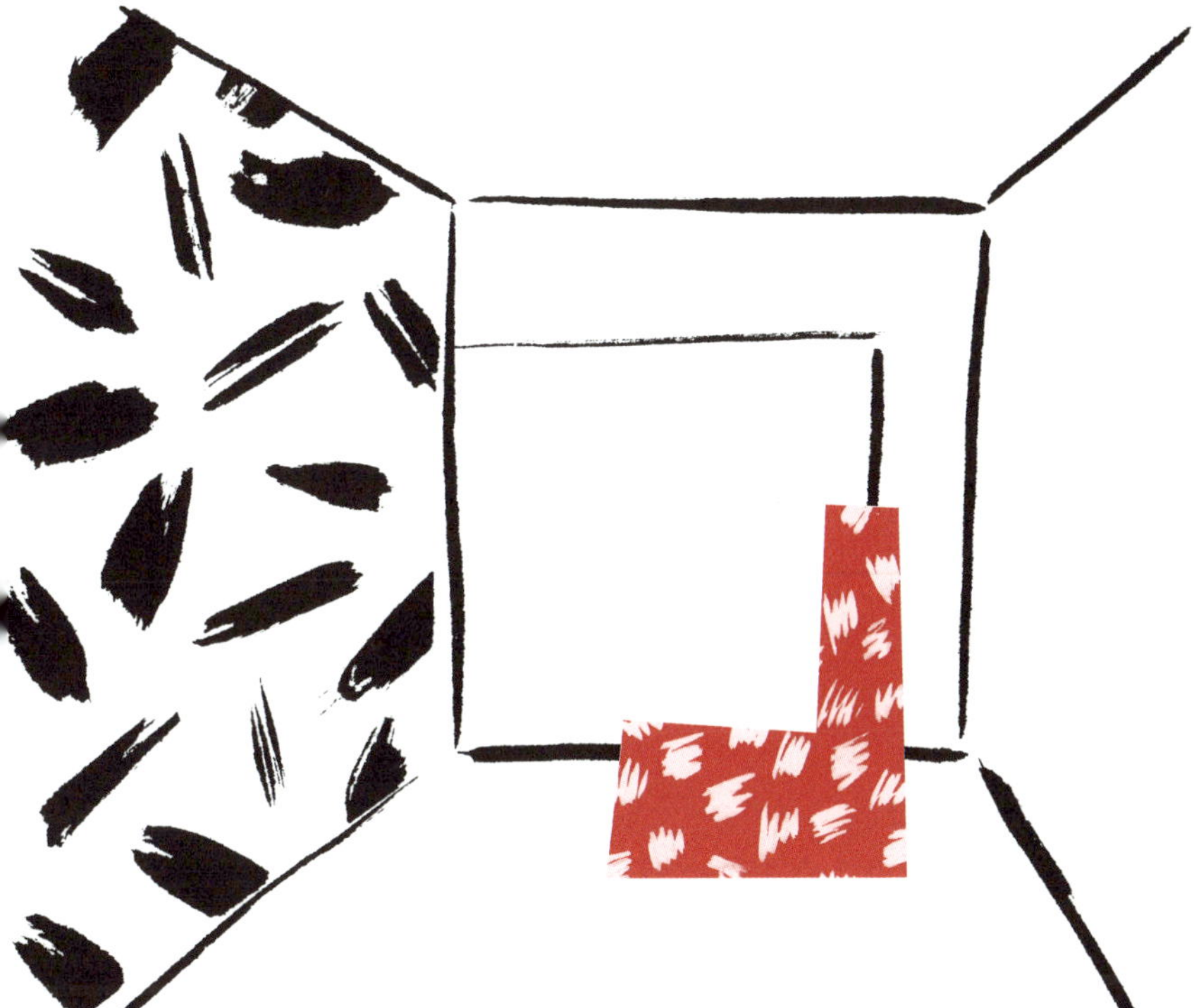

東京書籍

序 「〈女子力〉革命」とは何か？

津田塾大学教授・哲学者　萱野稔人

しばらくまえから「女子力」という言葉が社会で広く使われるようになりました。

この「女子力」という言葉にはかならずしも明確な定義があるわけではありません。が、おおむね「仕事や対人関係に活かせるような女性らしい態度や身だしなみ」といった意味で使われているようです。「女子」という単語が含まれていることからわかるように、この言葉はあくまでも男性との対比によって際立つような「女性ならではの力」を指しています。だからでしょう、この言葉に反発する女性は少なくありません。

確かに、たとえ男性から「女子力が高い」とほめられたとしても、それを素直に喜ぶ女性がたくさんいるとはあまり思えません。むしろ、特定の女性的な役割やふるまい、外見を、男性から上から目線で押し付けられていると苦々しく思う女性の方が多いでしょう。

また、たとえ女性から「女子力が高い」とほめられたとしても、それはそれで女性たちは素直に喜べないだろうということも容易に想像できます。というのも、その場合のほめ言葉は、往々にして「あなたはオンナを武器に男に媚を売っている」という嫌味か皮肉でしかないでしょうから。

そんな「女子力」をめぐって、かつて私は大学のゼミで学生たちと議論をしたことがあります。２０１４年度の３年生対象のゼミでのことです。

その議論のなかで一人の学生からだされたのが「女子力革命」という言葉です。

なぜ「〈女子力〉革命」なのか？

私の勤務する津田塾大学は、創立以来、社会で活躍する女性たちを多数輩出し、女性の可能性を拡げてきた女子大として知られています。ですので、読者のなかには、その津田塾大学のゼミで「女子力革命」という言葉が提起されたということをきいて、「男性からの目線で押し付けられる女性らしさを批判するためのスローガンにちがいない」と思う人もいるかもしれません。

しかし、話はそれほど単純ではありません。

たとえばゼミでの議論では「本当に私たちに女子力が必要になるのは60歳を超えてからではないか」という意見がだされました。つまり、男性よりも平均寿命が長い女性の人生を、それもこれからさらに平均寿命が延びていく女性の人生を、女性自身が生き抜いていく力として〈女子力〉を再定義しよう、という問題意識がそこにはあります。

実際、２０５０年には日本人女性の平均寿命は90歳を超えると予想されています。平均寿命には子どものころに病気や事故で亡くなった人の寿命も含まれますから、人びとは無事に年齢を重ねるほど平均寿命より長く生きる可能性がでてきます。もしかしたら、本書に参加しているゼミ生から１００歳を超える人もでてくるかもしれません。

２０１７年９月に厚生労働省が発表した高齢者調査によると、その時点で日本には１００歳以上の高齢者が６万７８２４人いたそうです。そのうちの87・９％が女性です（実数でいうと５万９６２７人）。

また、国立社会保障・人口問題研究所の将来人口推計によると、１００歳以上の高齢者は２０５０年には53万２千人に上ると予想されています。そのなかの女性の割合が現在と変わらないと仮定すると、１００歳以上の女性の数は現在より９倍ほど増えることになります。

私たちは好むと好まざるとにかかわらず１００歳まで生きるかもしれない、そんな時代にいるのです。そのとき、平均寿命が男性よりも長い女性たちには、その長寿を生きるためのどのような力が必要なのでしょうか。

これが「〈女子力〉革命」という言葉に込められた大きな問題関心にほかなりません。

ほかにも「〈女子力〉革命」に込められた問題関心ということでいえば、女性にとって結婚があたりまえのものではなくなりつつあるという状況も無視することはできません。

内閣府「平成29年版　少子化社会対策白書」によると、２０１５年の時点ですでに日本人女性の生涯未婚率（50歳の時点で一度も結婚したことのない人の割合）は14・１％あります。単純化していえば、現在でも７人に１人の女性は結婚せずに人生をまっとうする、ということです。

２０３５年になると日本人女性の生涯未婚率はさらに上昇し、19・２％になると推計されています。およそ５人に１人の女性は結婚せずに人生を送るということです。

これに加えて、現在では結婚したカップルでも３組に１組の割合で離婚します。これと将来の生涯未婚率を掛け合わせると、10人の女子学生がいたら、そのうちの２人は結婚をせず、残りの結婚する８人のうち２〜３人は離婚をする、という計算になります。

つまり、平均値でいえば、現在の女子学生のうち４〜５割は結婚をしないか、あるいは結婚をしても離婚する、ということです。逆にいえば、彼女たちの半分程度しか結婚生活を完遂しないということです。

いまの学生たちが40代になるころには、半分近くの女性にとって結婚を前提とした人生モデルが意味をなさなくなっているのです。このとき、必要とされる「女子力」もこれまでとはまったく違ったものにならざるをえないでしょう。

〈女子力〉に「革命」が求められる大きな理由がここにあります。

半数以上の学生は長生きを望んでいない

こうした点について、私は津田塾大学で担当していた「哲学」の授業で学生たちにアンケートをしてみました。ゼミで「女子力」について議論したのと同じ２０１４年度のことです。回答者数は３９５でした。回答者はもちろんすべて女子学生です。

最初の質問は以下のものでした。

「２０５０年に日本人女性の平均寿命は90歳を超えるといわれています。あなたは90歳まで生きたいと思いますか。その理由はなんですか」

この質問に「はい」と答えたのは１６９人、割合でいうと42・8％でした。「いいえ」と答えたのは２２４人で、割合でいうと56・7％です（その他が２名）。半分以上の学生が平均寿命まで生きたくないと答えたのですが、この結果は意外なのか当然なのか、評価が分かれるところかもしれません。

つぎにその理由について聞きました。「いいえ」の理由でもっとも多かったのは「家族に迷惑をかけるから」というものでした。介護や医療費の支払いなどでまわりに迷惑をかけてまで長生きしたくないという、ある意味でシビアな意識がそこにはあります。

二番目に多かった理由は「お金に困り、生活が大変そうだから」というものです。これもまたシビアな意見かもしれません。学生たちと話しているとよく「どうせ自分たちの世代は年金なんてもらえないだろう」という意見をききます。超高齢社会がさらに深刻になるなかで日本の年金制度は持続しえないだろう、という認識です。

学生たちのなかには、老後を豊かで明るいものとはなかなか思えない人たちが一定数いて、若いからという理由もあるのかもしれませんが、そういった人たちはおおむねあまり長生きしたいとは思っていない、ということがいえそうです。

では、学生たちは何歳までなら生きたいと考えているのでしょうか。その点もきいてみました。多かったのは70歳や80歳という年齢です。その理由については「元気で健康でいられるまで」という意見が多数でした。これは最初の質問の回答から予想できる結果ではありません。逆にいえば、生きているあいだは元気で健康でいたい、そしてできることならお金に困るような生活はしたくない、ということです。当然といえば当然の望みですが。

おそらく20歳前後である学生たちが「元気で健康でいられる年齢」としてイメージできるのが70歳や80歳という年齢なのでしょう。その彼女たちに「平均寿命は90歳になる」といってもあまりピンとこないのかもしれません。

とはいえ、それでも彼女たちは平均すれば90歳以上生きることがすでに予想されています。その短くない人生のあいだ、彼女たちの望みどおり元気で健康でいるためには、そしてお金に困らないためには、どのような力が彼女たちに必要なのでしょうか。その問いこそ「〈女子力〉革命」の概念で考えたいことです。

何歳まで働かなくてはならないのか？

ほかにもアンケートではこんな質問をしてみました。

「現在、年金受給開始年齢は65歳ですが、今後それはさらに上がる可能性が非常に高いです。そのことと平均寿命で90歳までは生きることを考えると、女性は今後、何歳まで働かなくてはならなくなると思いますか」

今後、年金の受給開始年齢が引き上げられていくことは、いまの学生の世代にとって避けがたい現実です。現在、女性の平均寿命はおよそ87歳ですから、女性が年金を受給する期間は平均で20年ほどです。そこからいえば、女性の平均寿命が90歳を超えるようになれば、年金の受給開始年齢も70歳ぐらいまで引き上げられる可能性は非常に高いといわざるをえません。

では、そのとき女性は何歳まで働かなくてはならないのでしょうか。

学生たちの答えでもっとも多かったのは「70歳」という答えでした。202人（51・1％）の学生がそう答えました。おそらく学生たちも、現時点で考えられる将来の年金受給開始年齢を想定したのでしょう。

ただ、71歳以上の年齢を回答した学生も80人（20・3％）おり、年金がもらえる年齢はもっと遅くなる、もしくは年金をもらえたとしてもそれでは足りず働かなくてはならない、と考えている学生も少なからずいました。

この点についてはさらに次の質問もしてみました。

「現在、60～64歳の女性の就業率は44・2％、65～69歳の女性の就業率は26・9％、さらに70～74歳の女性の就業率は16・5％です（総務省「労働力調査」2011年）。こうした現状をふまえて、あなたは何歳まで働きたいと思いますか」

もしかしたら読者のなかには、現時点でこれだけの割合の高齢女性が働いているということに驚く人もいるかもしれません。たとえば現在でも70～74歳の女性のうち6人に1人が働いています。学生たちも驚いていました。

ただし、学生たちの多くはそんな高齢になってまで働きたくないと考えているようです。もっとも多かった答えは「65歳」で、93人の学生がそう答えました。この質問で回答がとれたのは350人でしたので、割合でいうと26・6％です。つぎに多かったのは「60歳」で、89人（25・4％）です。その次が「70歳」で、69人（19・7％）でした。71歳以上の年齢を回答したのは32人（9・1％）しかいませんでした。

なお、この質問には30代以下の年齢で答えた学生も16人（4・6％）おり、その理由は「早く仕事を辞めて専業主婦になりたいから」というものでした。これまで社会で活躍し、女性の可能性を広げてきた津田塾大学のOGの方々には叱られてしまうかもしれませんが、実際には津田塾大学にも専業主婦願望の学生たちが一定数いるのです。

興味深いのは、いまのふたつの質問に対する答えのギャップです。「女性は今後、何歳まで働かなくてはならなくなると思いますか」という質問に対しては、70歳以上を回答した学生が71・4％（282人）もいましたが、「あなたは何歳まで働きたいと思いますか」という質問に対して70歳以上と答えた学生の割合は28・9％しかありませんでした。これからの時代、70歳以上まで働かなくてはならないのは避けられないかもしれないが、しかしできればそんなには働きたくない、という学生の傾向がみえてきます。

こうしたギャップ——「高齢になっても働かなくてはならないだろうと考える一方で、そこまでは働きたくないと思ってしまう」というギャップ——を女性たちは今後どう埋めていけばいいのか。これも「〈女子力〉革命」の概念によって考えなくてはならない問いのひとつです。

モデルなき時代における「〈女子力〉革命」

これから社会にでていくという段階の学生にとって、自分たちが高齢になったときのことまで見通して将来の生活や仕事について思いをめぐらすことは容易ではありません。それでも、平均寿命がますます長くなり、結婚もあたりまえのものではなくなり、高齢になっても働きつづけなくてはならなくなる時代に、女性が生きていくためにはどのような力が必要なのか、そしてそのために〈女子力〉はどう刷新されるべきか――、それを萱野ゼミの学生たちが正面から考察したのが本書です。

本書の執筆者はすべて、津田塾大学「メディアスタディーズ・コース」の2014年度3年セミナー（萱野ゼミ）の学生です。ゼミの開講年度から現在まですでに数年が経っていますが、論考の初稿が書かれたのはゼミの開講年度においてです。

学生たちの考察は文字どおり手さぐりの状態で進められました。しかしそれは、学生たちが未熟で、社会経験に乏しいから、ではありません。そうではなく、そもそも考察すべき問いそのものが、これまでの人生モデルが通用しなくなった時代の生き方にかかわるものだからです。

これまでも革命はつねに、既存のモデルが通用しなくなった時代状況のもと、手さぐりで成し遂げられました。革命の出口はどこにあるのか、そもそも出口などあるのか、誰にもわからない——それが革命というものです。「〈女子力〉革命」もこれまでの革命と同じように手さぐりで進められるほかありません。

本書は三つのテーマに分かれています。身体、結婚、労働です。どれも、これからの〈女子力〉を考えるうえであらためて問われるべきテーマです。

学生たちの考察は粗削りではありますが、読む人たちの思考を触発し、あたらしい「革命」へと読者をいざなう起爆力をもっています。一人でも多くの人がその起爆力にさらされることを願っています。

contents

contents

凡例　各章で紹介されるデータ・記述は、執筆時から更新した場合がある。本文中における他の文献や資料からの引用は当該箇所もしくは章末の「引用・参考文献」で明示した。なお、本文中は原則的に敬称を略した。

Part_1

からだこそ、女子が100歳まで生き抜く資本

001

早期出産をすすめます

——メリットとデメリットの比較

渡辺恵里佳

「一億総活躍社会」というキャッチフレーズも生まれ、女性の社会進出もますます活発になっている。女性のキャリア形成の必要と同時に、一方で未婚率の上昇や晩婚化といった現象もあらわれてきた。もはや従来の家庭像にもとづいた将来設計では、結婚から出産、子育てに至るライフプランを描くことは難しい。そんな時代に、いつ子どもを産み、育てるのがよいのか。この章では早期出産のメリットを見据えつつ考察する。

1．結婚が当たり前じゃない時代

急上昇する未婚率

女性の社会進出が進み、キャリアウーマンが珍しくない昨今。１９８０年代頃に学生時代を過ごした母親世代に比べると、女子大学生が思い描く将来像もずいぶん変わってきた。かつて言われていたような、「20代半ばで結婚、寿退社をし、20代後半には出産したい」という理想のライフプランは、もはや現実的ではないと感じる人も多いはずだ。自分のことを考えても、大学に通い、様々なことに興味を持っているのだから、できる限り働きたいという思いもあるし、周囲の友人に将来像を尋ねてみても「バリバリ仕事をして、30歳までには結婚、30代前半で出産できればいいかな……」という人は大勢いる。

しかし、「30歳までに結婚、30代前半で出産」というそのライフプランで、本当に大丈夫なのだろうか？　「婚活」や「街コン」が流行るのは、そんな理想を実現できない人たちが多いからなのではないのだろうか？　いつかは結婚して、子どもが欲しい。そんなごく当たり前に思える将来像を描いても、その「いつか」の結婚願望さえ、実現するのかわからないのだ。そのことを

表1　年齢別未婚率の推移

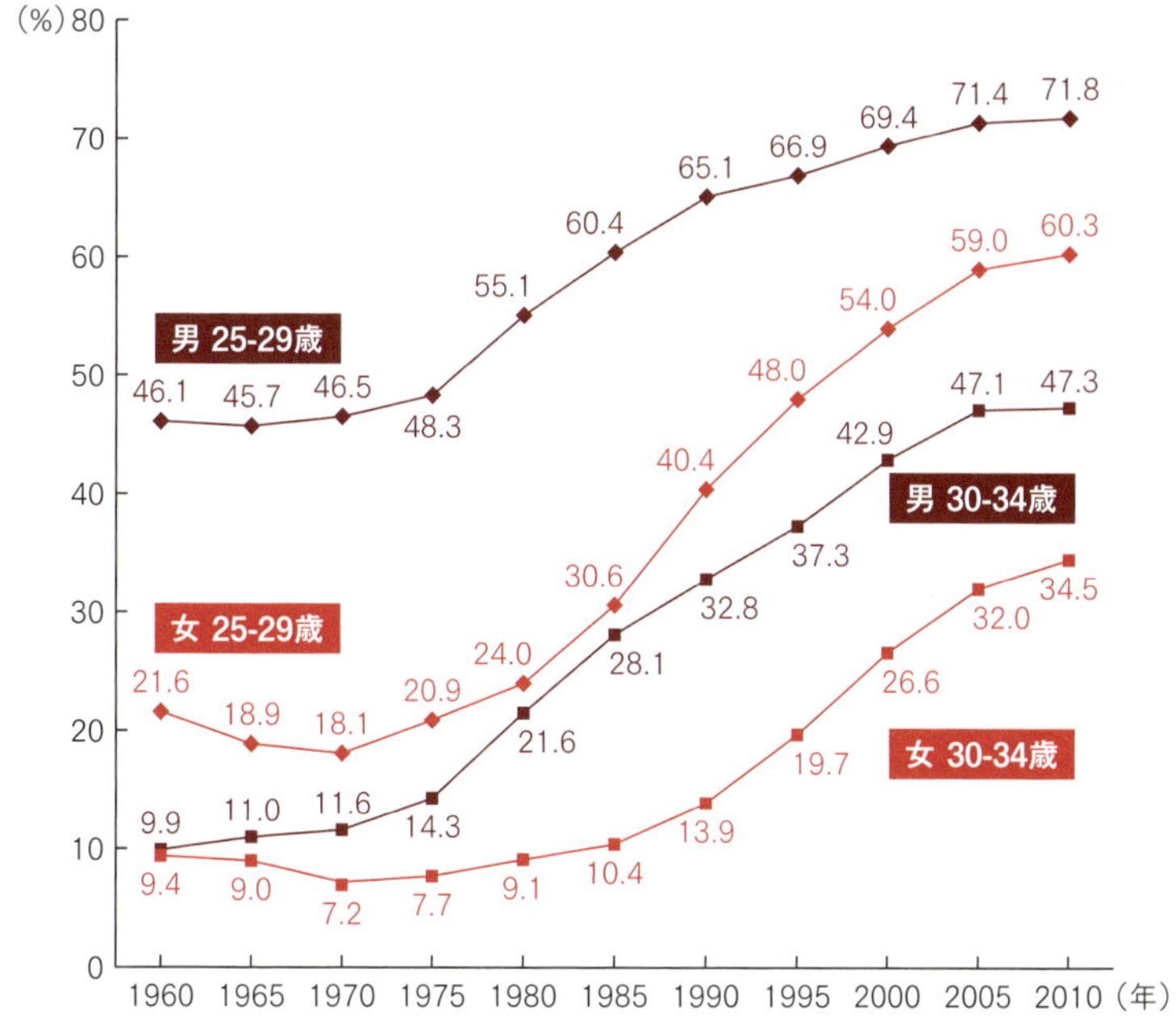

示唆するデータ（表1）をまずはみてみよう（総務省統計局「国勢調査報告」2010年）。

これは年齢別の未婚率をグラフにしたものだ。いずれの性別、年齢層でも近年、未婚率が年々上昇していることがわかる。女性の未婚率は20代後半になってもなお6割を超えている。数字で見る限り、「30歳までに結婚、30代前半で出産」という将来像を描くならば、そんなに悠長にもしていられない。

女性の平均寿命が90歳を超えようとしている今、ライフプランの幅も広がっている。とはいえ、身体的な負担等を考えれば、妊娠・出産に最適な期間はそれほど長くない。仕事や夢に一生懸命でありつつ、結婚・出産を考えるのであれば、ベストなタイミングをどのように模索していけばいいのだろうか（ちなみに、ここでは結婚ののちに出産というライフコースを前提に論じるが、結婚→出産という順序だけを肯定したり、未婚の母を否定したりする意図があるわけではないことを確認しておく）。

結婚したくないわけじゃない

先ほどのグラフからも未婚率の上昇は見て取れたし、晩婚化ということも話題になっている。けれどもそれは、人々の結婚への意欲自体が極端に低下しているということではない。２０１０年に国立社会保障・人口問題研究所が行った「第14回出生動向基本調査（結婚と出産に関する全国調査）」の独身者調査によれば、18歳〜34歳の未婚者のうち結婚する意思を持つ人の割合は９割近い（男性86・３％、女性89・４％）。およそ30年前、１９８７年に行われた同調査（第９回）と比較しても、この数値は男性でマイナス５・５ポイント、女性でマイナス３・５ポイント程度の差である。その一方で、表１から確認できるように、１９８５年〜２０１０年の25年間で、30〜34歳男性の未婚率はプラス19・２％、同じく女性の未婚率はプラス24・１％と、未婚率は著しく上昇している。

このような現状を受けてか、「理想の結婚相手を探す」ことよりも、「結婚する」ことを重視する未婚者の増加を示す数字もある。１９９７年には「理想の結婚相手が見つかるまでは結婚しなくても構わない」と考える女性が56・１％、男性で50・１％だったが、その割合は年々減少し、２０１０年には「ある程度の年齢までに結婚するつもり」という女性が58・４％、男性56・９％にも上った（第14回出生動向基本調査（結婚と出産に関する全国調査））。また、都内の女子大学生を対象にした調査でも、回答した１２２０人のうち半数以上が「早く結婚をして早く子どもを産みたい」、６〜８割が「育休を取って就業を継続したい」と答えている（齋藤英和・白河桃子『「産む」と「働く」の教科書』２０１４年）。

つまり、結婚への意思がある人々の割合は依然多い。にもかかわらず、実際には結婚できない人が多くなっているのだ。このことをまず押さえておく必要がある。

結婚相手に求めるもの

もうひとつ、結婚にあたってハードルになるのが、結婚相手の理想像のことだ。「婚活」という言葉を生み出し、白河桃子との共著『「婚活」時代』で「婚活」現象を取り上げた山田昌弘は、「人はできるだけ「理想的に近い結婚」をしたいと思う。（中略）しかし、その理想的な相手がいないから結婚できないことは、これも最近までなかなか語られてこなかったことである」と述べている（山田昌弘編著『「婚活」現象の社会学』２０１０年）。「理想の相手」の条件と、その条件を満たす人に出会えるかどうかという現実との間にギャップがあることも認識しておかねばならない。

では、未婚率が急上昇している現在と以前とでは、「理想の結婚相手」に求める条件は変化しているのだろうか？　結論からいえば、時代や経済状況の変化にかかわらず、理想の条件はあまり変わっていない。

先に参照した２０１０年の出生動向基本調査によれば、結婚相手の条件として考慮・重視する項目として最もポイントが高かったのは、男女ともに「人柄」、次いで「家事・育児の能力」、「仕事への理解」となっている。この設問で注目すべきは、女性と男性との間に、どのような項目で差が出たのかということだ。結婚相手にも求めるものとして、女性の方が重視したポイントは「経済力」「職業」「学歴」であった。一方で、逆に男性が女性より重視する項目はといえば、ほとんどない（強いてあげれば、「容姿」に関して若干差が見られる程度）。こうした傾向は１９９２年の調査から２０１０年まで変わっていない。

以前に比べれば女性が結婚後でも働くことが当たり前になっているが、それでもなお、結婚後の経済生活は男性が担うという認識が日本では強い。また、女性側の希望として、たとえ結婚後も仕事を続ける意思があったとしても、自分より年収の高い人を望む傾向がある。だが実際には、未婚若年者が非正規雇用となる傾向も進行し、男女双方とも収入は減少している。その結果、必然的に女性から結婚相手とみなされない若年男性が増えることになってしまう。同調査では、就業状況によって男性の結婚への意欲に差が出ることも明らかになっている。「一年以内に結婚してもよいと考えている未婚者割合の推移」では、自営・家族従業者、正規社員の男性のうち5割以上が結婚意欲を持っているのに対し、パート・アルバイト、無職・家事の男性では結婚への意欲が低い傾向がみられる。ちなみに女性にはこのような就業状況による差は見られない。男性が結婚後の家庭の経済を支えるという認識が、男性の結婚への意欲にも反映しているということだろうか。

すなわち、「女性は収入が高い男性を求め、安定した収入を得る若年男性が減少していることが未婚化の原因である」（山田昌弘編著『「婚活」現象の社会学』2010年）。

2. 妊娠・出産に適した時期とは

妊娠に関する知識は十分か

このように未婚率の上昇や晩婚化が進む状況とはいえ、結婚というだけならばタイムリミットはないとも言える。しかし、妊娠・出産を考えるならば、リミットは意識せざるを得ない。そうは言っても、医療技術の進展によって晩産しやすくなってきていることや、不妊治療の進展もあって、結婚・妊娠を先延ばしにしてしまうのかもしれない。

ただ、それ以前に、日本では妊娠や不妊に関する知識がまだまだ浸透していないという問題があることをご存じだろうか。イギリス・カーディフ大学の研究グループが、２００９〜２０１０年に諸先進国18か国で、妊娠を望む20代〜40代前半の男女を対象として行った調査（1万人回答）によると、不妊症や妊娠能力に関する質問の日本人の正答率は、18か国中16位であった。

私自身の高校までの記憶をさかのぼると、保健の授業で触れた気がするものの、あまり詳しく覚えていないというのが実際のところだ。それでも、私は女子大学ならではの（？）、女性のキャリア形成やライフプランについて学び考える授業を受けることで、知識を得る機会があった。晩産や不妊治療の大変さを学び、知識として身につけたことが、ここで論じているテーマに関しての興味を持つきっかけにもなった。

では、一般的に考えられている出産適齢期についてみてみよう。よく言われるのは、20代〜30代前半を身体的に考えた出産適齢期とする。不妊治療に携わる齋藤英和は白河桃子との共著『「産む」と「働く」の教科書』（２０１４年）の中で、「「20代で第一子出産」を目標にするくらいがよい」と述べている。２０１０年の調査（出生動向調査）で、夫婦が希望する理想の子どもの数が約２・

4人であることを踏まえれば、20代で第一子、30代のうちに第二子、第三子というのが理想であろう。というのも、不妊治療を考えるにしても、やはり早く始めるだけ効果が高いという。不妊治療自体、絶対の成功率を誇るものではないし、自然流産率や染色体異常、その他の妊娠中のトラブルといったリスクも、40代から急激に上昇するのだ。この点を重視すれば、早期の出産が望ましいといえる。ただし、どのようなライフプランを選ぶにしても、まずは妊娠や不妊に関しての知識をつけることが大事である。時が来て学び始めるのでは遅いのだ。早くから正しい知識を身につけ、不妊治療が絶対の成功率を誇るわけではないことを念頭に、人生設計をしなければならない。

早期出産と晩期出産のメリット・デメリット

身体的には、早期出産が有利であることは確認してきた。しかし、もちろん身体的な利点だけで人生設計をするわけではない。この節では、早婚・早産と晩婚・晩産についてそれぞれのメリット・デメリットをまとめてみる。

何をメリット・デメリットと感じるのかはもちろん個人差がある。ただし、早婚・早期出産、晩婚・晩期出産の、両者のメリット・デメリットを認識したうえでライフプランを考えるのと、気がつ

〈早婚・早期出産の場合〉

メリット

- 子育てをする体力に比較的余裕がある
- 子育てが早く終わるので、（40代半ば）その後の人生を長く楽しめる
- 定年まで時間があるので、老後のための資金を貯めることができる
- 子育て時には子の祖父母もまだ若いので、協力してもらいやすい場合も多い
- 若い時期の育休取得であれば、仕事を代替する人も探しやすい
- 育休後、長い時間をかけ落ち着いてキャリアを形成できる

デメリット

- まだキャリアが浅く経済基盤がしっかりしていない
- 社会に出て早い段階でキャリア形成が中断する
- 社会経験が浅いため、一度退職すると正社員での仕事復帰が困難（正社員での再雇用が叶うのは4人に1人といわれる）

〈晩婚・晩期出産の場合〉

メリット

- 経済基盤がしっかりしている
- 独身時代を長く持つため、自由を謳歌できる
- キャリアをある程度形成できる
- 社会人としてスキルがあるので、仕事復帰がしやすい

デメリット

- キャリアか妊娠か、二者択一になりやすい
- 育児をする体力が衰え始めている
- 「不妊」がわかった場合、対策が遅れる可能性がある
- 教育費がかさむため、老後の蓄えがしにくい

けば晩婚・晩期出産しか選択肢が残されていないのとでは、同じ道を選んだとしても得られる実感には違いがあるだろう。仕事は大学卒業前に多くの人が決断するのに対し、結婚と妊娠はそれぞれのタイミングがあるし、一人で好きな時に決断できるものでもない。だからこそ、自分自身の目標や基準を持つことが大切であるように感じる。

3. 妊娠・出産を見据えたライフプラン

何かを諦めないための将来設計

母親世代に比べ、結婚を機に仕事を辞める女性は減少している。「夫婦のいる世帯数」に占める「夫が被雇用者、妻が無業者」の割合は、2000年は31・7%であったが徐々に低下し、2014年は25・1%。一方、「夫婦共に被雇用者」の割合は、2000年は33・2%であったのに対し、2015年は37・7%に増加している（総務省統計局「労働力調査」）。一方で、妊娠を機に退職をするケースは多い。しかし、日本経済の再生に向けて、女性が長く働くことには社会的なニーズもあるし、また終身雇用体制が変化しつつある現在では、収入源が夫と妻で二種あることは、家庭の経済においても安心度を高くする。

男女関係なく活躍できる社会は、確かに素晴らしいことだ。一人ひとりが性別にかかわらず、自分の人生を選べるのだから。しかし、妊娠・出産はどう時代が変わろうと（少なくとも現在の科学・技術では）、女性にしかできない。

実際に私が就活をしていて、受けたアドバイスの中で衝撃だったのは、「誰も傷ついたり、我慢をしないために、女性としての自分の将来を考えた方がいい」と言われたことだ。キャリアのために結婚や妊娠を諦めるのでなく、子育てのためにキャリアを諦めるのでもない。安定した収入ある人だけを求めて、本当に好きな人との結婚を諦めることもしない。結婚も仕事も子どもも、欲張りになっていいのだと教えられた。そのためには、そもそも自分が欲張りになりたいと思える仕事ができること、そして欲張りになれる環境や制度があることが重要だ。

一方で、将来を考えすぎて、自分の枠を狭めてしまうのももったいない。津田塾大学のOGで、現在とある国立大学のキャリアセンターに勤めている女性によると、まだわからない将来の可能性に縛られ、悩み相談に来る学生がとても多いのだという。たとえば、子どもができたときを考え、やりたい仕事ではあるが転勤のある総合職か、働きやすい一般職か、迷う学生もいるらしい。そんな学生の相談に彼女は、結婚相手が決まっていて、その彼が総合職を否定しているのならば悩むのもわかるが、具体的な相手もいない段階で自分のやりたい仕事を諦めることとは違うと答えているそうだ。

仕事が厳しいと噂の企業でも、実際はプライベートとのメリハリがしっかりとあり、諸制度も充実している会社もあれば、社員がイキイキと働いていても、プライベートの時間がほとんどない会社もある。会社の認知度や給与、噂で判断するのではなく、入社後もあらゆる働き方の選択肢のある会社を探し出し、納得のいく就活をすることが、自分の未来へのプレゼントなのではないだろうか。

早期妊娠・出産をサポートする企業

そこでひとつの例として覚えておきたいのが、妊娠・出産をする女性をサポートする制度を知ることだ。たとえば、経済産業省と東京証券取引所の共同で、女性の力が活かされやすい企業を選定する「なでしこ銘柄」や、一定の基準を満たした企業を子育てサポート企業として厚生労働大臣が認定する「くるみん認定」というものがある。これらの企業をはじめとして、女性も男性も働きやすい環境を整備している企業も出てきている。

２０１５年から女性の採用に際して新たな制度を導入した会社がある。それがユニ・チャーム株式会社だ。ご存じの人も多いと思うが、ユニ・チャームは、生理用品や紙おむつなど、衛生用品の大手メーカーである。新たな制度とは「Fresh-Mom Recruitment」。ユニ・チャームで社会人としてキャリアを積みたいと希望していて、妊娠・出産予定がある女性を対象にした制度で、一度新卒採用選考に通れば、最長で30歳になるまでその内定権利を保有できるというものだ。つまり、学生のうちに就職活動をし、社会人になる準備をすると同時に、出産や育児ができるということだ。この制度の目的は、「出産・育児による就業制限が一段落した環境の下で業務に取り組むことで、短期間での成長が期待できる」ことだという（ユニ・チャーム公式ホームページ）。

妊娠・出産を予定する女性を多様な制度で受け入れることは今後さらに重要になっていくだろうし、女性の側もそうした制度の存在を知っておくことが大事だろう。

「婚育」

ここまで読んで、元から結婚願望があった人は自身のライフプランを少し見直すきっかけになったかもしれない。しかし、根っから結婚願望がない、もしくは恋人はいらない！と思っている人もいるだろう。あるバラエティー番組で、恋愛をしたり恋人が欲しいと思ったりしない男性のことを「絶食系男子」と呼んでいた。このように、そもそも恋愛意欲がない若者が増えている。

これに関連して例示したいのは、「結婚」を視野に入れた教育的取り組みである。明治大学には、「婚育」を取り扱う授業がある。「婚育」とは、〈結婚能力の育成〉を略した言葉で、「結婚活動（婚活）」をするうえで前提として必要な〈結婚能力〉の育成プログラムだという（諸富祥彦『明治大学で教える「婚育」の授業』２０１１年）。このプログラムは、結婚することだけを目的にしているわけではない。幸せな人生を送るためには、「キャリア」の二大構成要素である「仕事」と「プライベート」の両方の充実が不可欠であり、これまで大学で軽視されがちであった「プライベート」の充実のための支援であるという。私自身、社会に出る前にキャリア以外の部分についても自分の将来を描く時間はとても重要だと感じる。そうした模索は、あらゆる人に影響を受けながらなされるべきだ。今後、こうした授業が各大学で開講され、恋愛や結婚に意欲のある学生が増えることを期待している。

最後に

これまで、タイトルにあるように早婚・早期出産のメリットを視野にいれつつ、実際の結婚の難しさを述べてきた。当初、私は「学生時代に結婚、出産する」という選択はどうだろうかとポジティブに考えていた。体力面で考えれば圧倒的に有利であるし、社会に出てから忙しい中で相手を見つけて関係を築いていくのは大変だと感じたからだ。しかし、現実的にも親に扶養される立場であること、学生として勉学を優先するべき時期であるということから、最終的に、推奨には至らなかった。そのため、ここで「早期出産のすすめ」として推奨するのは、多くの人にとってより現実味のある20代での結婚・出産ということになる。

本音を言えば、結婚も妊娠も、本人が本当にしたいと思ったときにすることが望ましいと思っている。相手がいることだからこそ、恋愛や結婚は一人ではどうすることもできない。しかし、ここまでに見てきたように、結婚や出産に対する意欲があるのとないのでは、得る知識も心がけも変わってくるだろう。後になって自分の知識のなさを悔やむよりも、すべて覚悟したうえでひとつひとつ決断をしていくことで、たとえ結婚や妊娠をしなかったとしても、後悔はなくなるだろうと思うのだ。「女性だから」と縛られるのではなく、好きなこと、やりたいことを精いっぱい欲張りにできる女性がもっともっと増えることを願う。

〔引用・参考文献〕

国立社会保障・人口問題研究所「第14回　出生動向基本調査」(結婚と出産に関する全国調査)独身調査結果概要

総務省統計局「国勢調査報告」労働力調査(基本集計)「27　夫の就業状態、妻の就業状態別夫婦のいる世帯数(時間階級3区分)」2000年、「Ⅳ-7　妻及び夫の就業状態・農林業・非農林業・従業上の地位・月末1週間の就業時間・月間就業時間、世帯の家族類型別夫婦のいる世帯数」2015年

齋藤英和・白河桃子『「産む」と「働く」の教科書』講談社、2014年

白河桃子・常見陽平『女子と就活　20代からの「就・妊・婚」講座』中公新書ラクレ、2012年

諸富祥彦『明治大学で教える「婚育」の授業』青春新書、2011年

山田昌弘(編著)『「婚活」現象の社会学』東洋経済新報社、2010年

経済産業省HP「女性の活躍で企業を視る「なでしこ銘柄」」

厚生労働省HP「職場における子育て支援「くるみんマーク・プラチナくるみんマークについて」」

ユニ・チャーム株式会社HP「企業情報「ニューリリース」」

002

何歳まで出産できますか？

——高齢出産の現状と未来

真木理衣

医療科学の発展によって不妊治療は進歩し、平均的な出産年齢を超えて出産を望む女性たちの得られる情報や行動の選択肢も広がっている。その一方、高齢を迎えての出産にさまざまなリスクが伴っていることにはやはり変わりがない。この章では、高齢出産が抱えているリスク、不妊治療や出生前診断の種類、高齢出産への公的支援のあり方を確認し、そこから考えられるライフスタイルを仮定した上で、出産と年齢との付き合い方を模索していく。

1. 高齢出産の現状

そもそも高齢出産ってなに?

日本産科婦人科学会によれば、35歳以上の初産婦を高齢出産と定義している。この定義を参照しつつ、本章ではもう少し幅広く、初産かどうかにかかわらず35歳以上で出産することを「高齢出産」として話を進めていく。

近年、東尾理子(36歳で第一子、40歳で第二子、42歳で第三子出産)、ジャガー横田(45歳で第一子出産)、坂上みき(53歳で出産)と、30~40歳代以上で妊娠・出産をする著名人のニュースがしばしば報道される。こうした報道をよく目にすることもあり、年をとっても出産は可能なのだと視聴者は感じやすくなっているかもしれない。

実際、日本の女性が初めて出産する年齢は上昇している。厚生労働省によると、女性が初めて出産する年齢は2015年に平均30・7歳となった。1975年のそれが25・7歳であったのと比べると、40年間で5歳も上がっていることになる。また、40歳以上(40~44歳対象)の出産は2014年で4万9606件。1万2472件だった1995年と比べると、約20年間でほぼ4

倍にまで増加している。

高齢出産増加の理由

それではなぜ、ここまで高齢出産が増加したのだろうか。高齢出産が浸透してきた理由としてはふたつの理由が挙げられる。

ひとつ目は、晩婚化である。2015年の平均初婚年齢は、男性31・1歳、女性29・4歳となっている。男女ともに過去最高を塗り替える数値になった。結婚の時期が遅くなれば、出産する年齢もそれに応じて高くなってしまうことは、自然であろう。

ふたつ目は、女性の社会進出とキャリア形成である。近年では女性が大学進学し、就職することはごく一般的なことになっている。たとえば女性医師というキャリアを考えてみると、医師免許を取得後、一通り研修を終えて一人前になるためには約5年かかる。その時点でおよそ30歳である。適齢期とされてきた20代は、その頃にはすでに過ぎ去ってしまっているのだ。医師の例を出したが、職業によらず女性が社会に出てキャリアや技量を身につける時期は、生物学的な妊娠・出産の適齢期とされる年齢と重なっている。そのため、働く女性にとって出産の時期は難しい問題になっている。結婚や出産を迎えないまま、気がついたら30代、高齢出産といわれる年齢になってしまったという女性も多いのではないだろうか。

高齢出産には限界がある

命に限りがあるように、出産が可能と思われる年齢にも限界がある。一般的に、女性の身体の限界として、卵巣は38歳から急激な老化を始めると言われている。一方で人間は、不妊治療も発達し、タイミング法、人工授精、体外受精、顕微授精、卵子提供、代理母……、あらゆる方法で妊娠・出産の可能性を広げてきたことも事実である。しかし、45歳以降の出産は流産率が急激に向上してしまうというデータもあり、不妊治療を行う産婦人科医も45歳を過ぎてからの出産の道のりは険しいと述べる。もちろん、個人差の生じることではあるが、45歳前後がひとつの限界値の目安になりそうである。

2. 高齢出産のリスク

身体的リスク

それでは、高齢出産にどのようなリスクがあるのか、具体的に考えていこう。すでに述べたように、妊娠率の低下が大きなリスクのひとつである。不妊治療においても、体外受精の成功率は30代半ばから直線的に低下していく。

また、身体の老化にともなって、母親の身体に妊娠合併症が起こる可能性が高まると言われている。代表的なものは、妊娠高血圧症と妊娠糖尿病である。妊娠高血圧症は、かつて妊娠中毒症とも呼ばれていた。むくみやたんぱく尿が特徴であり、胎盤早期剝離による大量出血など、母体と胎児双方の命を脅かす症状を誘発し、早産や死産につながることもある。妊娠糖尿病は、症状は一時的だが妊娠中期以降高血糖の状態が続き、妊娠高血圧症の原因になる。悪い場合には出産後も治らず、本格的な糖尿病に発展するケースもあるという。そして、生まれる子どもについても先天性異常の確率が上昇するというリスクもある。

不妊治療のコストと精神的ダメージ

高齢妊娠ののち無事に出産できた場合でも、それまでの過程には相当の苦労が予測される。40代で妊娠した女性の多くは不妊治療を経験して出産している。その人の環境や体質、始める時期などによって、1回の治療ですぐに妊娠する女性もいれば、何度行っても妊娠することができない女性もいるのだ。

このように、不妊治療を進めるにあたって、どの程度の費用がかかるのだろうか。不妊治療にはいくつかの種類があり、代表的なものは人工授精と体外受精である。人工授精は、精子を子宮の中まで人間の手によって届ける治療法である。平均して1～2万円と手軽に実施することができ、母体への負担も少ない。一方、体外受精は、医師が卵子を女性の身体から取り出し、精子と受精させる治療法である。体外受精の方が、より人工的な方法だと言える。こちらの場合、費用には人工授精とは大きな差がある。施設によって多少異なるが、平均して、1回あたり30万円前後に達する。さらに、採卵をし、その後に受精卵から育った胚を子宮に戻すという手続きを経るため、母体への負担は人工授精に比べても非常に大きくなる。また、移植後もホルモン補充のための治療を行わなければならないため、半月もの通院を要する。ただし、妊娠率についてみてみると、人工授精が3～5％であるのに対して、体外受精は20～30％となっている。

行政書士の生島清身さんは41歳から始めた不妊治療の体験をブログに綴っているが、その記述からはさまざまな苦労をうかがうことができる。

36歳で結婚してすぐに妊娠したものの、流産でした。その次が子宮外妊娠、それで41歳から不妊治療を受け始め、45歳までに5回の体外受精を行いました。体外受精のために採卵をするのですが、卵子が採れなかったり、採れても卵子に問題があるということが何回もありました。採卵がうまくいって体外受精まで進んでも、今度は着床するかどうかわからない。

着床してもダメだったときは、流産の処置と同じように子宮の中に残ったものを掻き出す「掻爬」をし、体を休ませてまた挑戦、ということになります。5回の体外受精のうち、3回は着床まで進みましたが妊娠には至りませんでした。46歳のとき、最後の採卵に挑みました。当時のメモを読み返すと、「採卵8回目」「回収できず」と書いてあります。エコー検査で、卵胞が育っていたので採ってみようということだったのですが、だめでした。もう年齢的に無理なのかな、と思いました。治療中は、結果がダメだと落ち込み、仕事も休みがちでした。仕事を辞めて治療に集中しても、結果が出ないまま、貯蓄は減っていくばかり。「自分の存在価値って何なんだろう」と考えていました。お金は全部で130万円くらい使いましたね。最後は主人と話し合って、子どものいない人生もある、と……

(週刊現代編集部『本当は怖い高齢出産』「第二章 不妊大国日本体験者が語る　不妊治療の厳しさ」講談社、2013年)

治療を始めて3年ぐらいのとき、不妊治療に携わる医療従事者の研修で、治療体験者として話をする機会があって、

そのときの質疑応答で、治療をとおして得たもの、失ったものは?という質問があったのです。そのときに「得たものは何もありません」と反射的に答えていて、自分でもびっくりしたんです。普段は割に考えてから言葉にするほうなのに、そのときは口をついて出た、と

いう感じでした。それだけつらかったんですかね、やっぱり。

（「41歳からの不妊治療」２００９年12月30日）

不妊治療は全国で、年間24万件以上行われているが、高齢出産に成功する人がいる一方で、繰り返し試みても望みを果たせない人もいるのだ。

3. 医療技術の発達

不妊治療大国日本

高齢出産にはリスクがある。しかし、日本の現状をみてみると出産年齢は年をおって高齢化している。早く産みたくても産めない事情が日本社会には存在しているのだ。また、40代以上の高齢出産に関するリスクが見えにくくなっている一因には、不妊治療の進歩がある。日本産科婦人科学会によれば現在、子どもを持つカップルの6組に1組は不妊治療、あるいは不妊検査を受けた経験があるという。不妊治療の種類にはどのようなものがあるのだろうか。

①タイミング法
排卵の時期を正確に調べたうえで、それに合わせて性行為を行い自然妊娠を目指す方法。カップルに特に異常が認められず、年齢が若い場合、この方法から入る場合が多い。自然周期で行うほかに、排卵誘発剤を使う方法もある。現在は、超音波やホルモン検査を用いて、排卵日だけでなく排卵時間まで予測できると言われている。

②人工授精
採取した精子を、排卵日に合わせて子宮に入れて妊娠を目指す方法。排卵誘発剤を使って排卵の時期を特定し、注射器で精子を子宮の奥まで注入する。

③体外受精
卵子と精子の両方を取り出して、シャーレの中で混ぜ、受精した卵を子宮に戻す方法。

④顕微授精
卵子と精子を採取して、顕微鏡下で卵子の細胞質内に元気な精子を1個注入して受精させ、発

育した受精卵を子宮に戻す方法。男性の精子が少ない場合などに有効。

⑤卵子提供
子宮には問題がないが、何らかの理由で卵子ができない女性や、高齢で妊娠しにくくなった女性が、ほかの健康な女性から卵子の提供を受け、精子と体外受精させて子宮に戻して出産を目指す方法。

⑥代理母
子宮がもともとない、あるいは子宮を失った女性に代わり、別の女性が代理母となって子どもを産む方法。夫の精子を使って体外受精した受精卵を代理母の子宮に入れて出産するのが一般的である。

産む？　産まない？

いざ妊娠した段階で、胎児の状態や置かれている環境を調べるものとして、出生前診断を行うことができる。この検査は妊娠の次の段階、つまり子どもを産むか、もしくは高いリスクや異常があった場合にやむを得ず中絶するかを判断する材料にもなる。まずここでは、その出生前診断にあたってどのような検査方法があるのか、その種類を述べておく。

①超音波検査(エコー検査)

妊婦のお腹にプローブという機械をあて、胎児の推定体重や胎盤の位置、羊水の量、心機能などを確認する。大きな奇形もわかる。費用は3000円前後。施設によっては立体的な画像を映し出す3Dエコーや、映像も映すことが出来る4Dエコーもある。

②母体血清マーカー検査

妊婦から少量の血液を採取し、血液中の物質濃度を測定して、先天性異常などの確率を調べる。費用は2~3万円。3種類の物質を調べるトリプルマーカーテスト、4種類の物質を調べるクアトロテストという検査法がある。

③羊水検査

妊婦の子宮に長い針を刺して羊水を吸引し、羊水中の物質や羊水中にある胎児の細胞をもとに染色体や遺伝子の異常の有無を調べる。胎児に異常があるかどうかを最終的に判断する「確定検査」として行われる。費用は10~20万円。

④新型出生前検査

妊婦の血液にわずかに含まれる胎児の遺伝子を分析し、ダウン症や奇形など、遺伝子の異常による先天性疾患の有無を調べる。精度が高く、結果が出るまでの期間も短い。費用は20万円前後。

高齢出産に伴って、先天性異常の子どもが生まれる確率が高いことは先に述べた。こうした出生前診断によって陽性の結果、つまり胎児に奇形や異常がみられる結果を得た場合、「産むか、産まないか」という大きな決断が待っている。実際に、出生前診断で胎児の異常を告げられた人はどうしたのだろうか。いくつかの例を見てみよう。

37歳で第二子を妊娠したDさんは、高齢ということもあって、妊娠第18週目で出生前診断を受けた。すると、胎児がダウン症であるという結果が出た。それを受け、「実家は遠いし手伝ってくれる人もいない。ダウン症の子が生まれれば、仕事は辞めなければならない、育てられない」と思ったそうだ。中絶手術に踏み切ったのは、期限ぎりぎりの19週目。手術が終わった後は、「何か大きな罪を犯したような気持ちになり、眠れない日々が続いた。もし会社の同僚に中絶を知られたら、人でなしと言われるんじゃないかと……」と気持ちを吐露している。その後、自分では立ち直ったと思っても、やはり出産予定日だった時期に近づくと、「申し訳ないことをしたという想いがこみ上げてくる」と語っていた(週刊現代編集部『本当は怖い高齢出産』「第三章 新型出生前検査に押し寄せる妊婦 体験者が語る」講談社、2013年)。

35歳のEさんの場合は、第一子の出生前診断で胎児の心臓や腎臓などに重い奇形があることが判明、1歳までに患者の約9割が死亡する難病を持っている恐れがあると診断された。また、半数以上が流産になるという説明も受けたが、どうしても中絶を決意できず、夫と迷っているうちに、中絶できる時期を過ぎてしまったと言う。しかし、7か月を過ぎた頃に赤ちゃんは早産となり、生後数日のうちに亡くなってしまった。彼女は「中絶を諦めてからはずっと「この子を無事に生むんだ」と自分に言い聞かせていたので、精神的な反動も大きかった」と述べる。財団法人日本ダウン症協会は、2012年11月に、報道機関に対して「新型出生前検査に関しては、この検査が採血だけで簡単にできることから急速に広がる可能性がある一方、人工妊娠中絶につながるおそれもあり、(中略)当協会としては、この検査の導入が実質的なマススクリーニング(子どもの命の大規模な選別)化への第一歩となるのではないかと大きな危惧を抱いております」と表明している。新型出生前診断はその精度の高さもあり、先天性異常の可能性が高いとわかったとき、中絶を選択する人が増えるのではないか、という懸念がここにはある。

産む、産まないという選択肢に正解はない。当事者一人ひとりの価値観によって決められるものだといえる。高齢出産の過程ではこの問題は特に身近なものになってくるのかもしれない。

政府支援による少子化対策

不妊治療は、継続するだけでも経済的な負担がかかる。不妊治療には、平均して１００万円という高額の費用が必要だという。しかし、現在では補助金の適用など、政府による支援も行われている。厚生労働省は不妊に悩む夫婦を対象に、治療の助成金を整備している。「特定不妊治療助成」と呼ばれるこの制度では、１回の体外受精に15万円の助成金が支給される。初年度は年３回まで、２年度目からは2回となる。支給期間は通算5年度までで、最大で10回の体外受精に対して総額１５０万円の支給が行われる。助成を受けるための所得制限は夫婦合算で７３０万円となっている。また、２０１５年2月に千葉県浦安市と順天堂大学浦安病院が将来の妊娠・出産に備えて卵子凍結保存を受け付けることを発表した。この試みでは、凍結保存にかかる費用や技術者の人件費の一部を市が補助するという。浦安市民の場合、自己負担が3割程度となる方向で調節しているようだ。こうした公的支援によって、不妊治療を経験する人々はますます増えていくかもしれない。

4. 新しいライフスタイルと選択肢の拡大（私的予想）

出産にまつわる医療の進歩によって、高齢出産の技術的可能性が高まってきた現在。そこで、近年の生殖医療の進歩を利用した新しいライフスタイルを考えてみたい。

モデル1　卵子凍結を使ったスタイル
モデル2　精子バンクを使ったスタイル
モデル3　卵子提供を行うスタイル

と、三つのスタイルを設定し、それぞれがとりうる生き方を次の表（表1）のように描いてみた。

今後、女性の生き方は多様化していくと予想できる。モデル1の場合、結婚／出産／仕事の三つを叶えることができるパターンである。ある程度のキャリアを積むまで仕事に没頭し、金銭的・精神的に余裕が生まれた時期に出産に臨むスタイルになる。結婚ののち、子どもを作るまでの期間に余裕を持てるため、夫婦だけでの結婚生活を楽しむことも可能だ。また、卵子凍結を行

表1　近年の生殖医療を利用した女性のライフスタイルモデル

	モデル1	モデル2	モデル3
10代	月経開始	月経開始	月経開始
20代	卵子を大量凍結	卵子凍結	卵子凍結 以後、定期的に提供
30代	仕事没頭、結婚	仕事に没頭	
40代	卵子を子宮に戻し出産		
50代	子育て	好きなタイミングで 体外受精させ、出産	
60代	第2子出産		仕事、趣味に没頭
70代	子育て	1人で育て、生きる	
80代	第3子出産		
90代	子育て		

っているため、可能性として究極的には亡くなるまで出産が可能だともいえる。母体に危険が侵される場合は、代理母をたてて自分の子どもをもつこともできるだろう。

モデル２では精子バンクを活用するため、女性一人で出産し、育て、生きていくことが想定できる。結婚を望まないが子どもは欲しいという場合、こうした選択肢が可能になる。

モデル３は出産は行わないが、自らが卵子提供者となって、不妊治療を試みる人々の出産の機会をサポートする立場になる。そのようなかたちで、自分の遺伝子を持った子どもたちが、社会の中に生まれていくともいえるだろう。このように、医療技術を活用していくことで、新たな人生設計を作り上げていくことができる。より、自分自身のやりたいことを優先して行える環境が整えられていくだろう。

5. 自然出産 or 人口出産（自分の主張）

これまで述べてきた通り、生殖医療技術は急激な進歩を遂げてきた。これらの技術によって、自分の理想に近いライフコースを今後送るための一助になることが期待できる。しかし、生命倫理的な問題がある。たとえば、出生前診断によって胎児を正確に検査できることによって、なんらかの異常があった場合、中絶を選ぶ人が増加してしまう恐れがある。これが一般化することで、子どもは授かるものではなく「作り出すもの」という認識が生じてきてしまう恐れもある。いわば、母体・出産が機械的なものとなり、子どももロボット化してしまう懸念である。私は、機械的な出産には反対である。となると、高度に技術的で、母体・胎児にリスクの高い高齢出産をすべて認めるのではなく、限界年齢を決めるべきではないかと考える。今後、医療の発達によって90歳まで平均寿命が延びるとしよう。だとすると、人生において半分は自分自身のこと、やりたい道を満喫できれば十分ではないだろうか、残りの人生は誰かのために生きることも必要であると自分にも言い聞かせたい。つまり、45歳までに妊娠することを私は、提案する。生殖医療は身体の老化をねじ曲げるものではなく、あくまでも補助するものである。自然な身体の衰えに逆らわず、受け入れていくことも「女子力」なのだと思う。

【引用・参考文献】
宋美玄『内診台から覗いた高齢出産の真実』中央公論新社、2013年
吉村泰典『間違いだらけの高齢出産』新潮社、2013年
週刊現代編集部『本当は怖い高齢出産』講談社、2013年
「国民的大論争　第8弾　40歳以上の高齢出産」『週刊現代』講談社、2013年5月11〜18日合併号
「国民的大論争　第10弾　441人の妊婦データで分かった　「高齢出産」35歳以上のリスク」『週刊現代』講談社、2013年6月1日号
「きちんと知っておきたい高齢出産のリスク」『へるすあっぷ21』法研、2014年6月号
「高齢出産の向く体、向かない体」『プレジデントBaby』プレジデント社、2011年7月15日号
『心の成長と脳科学　父親の高齢「出産」リスク』（別冊日経サイエンス）日経サイエンス、2013年8月号
「40代オンナが壊れている！」『週刊文春』2011年2月17日号
「41歳からの不妊治療」http://d.hatena.ne.jp/tamachanmama/
「不妊治療や体外受精の悩みに答えるwebマガジン」https://www.sbc-ladies.com/column/taigaijyusei/938.html
「増える40代出産　現実と「今からできること」」https://style.nikkei.com/article/DGXMZO9397942OT11C15A1000000
「平成29年　我が国の人口動態　厚生労働省」http://www.mhlw.go.jp/toukei/list/dl/81-1a2.pdf

003

更年期以後の「女子力」とは?

——今から知っとく「第二」の人生

矢島絵里

平均寿命の延びは、女性にとっては更年期以降、閉経後の人生が長くなっていくことも意味している。この章では、更年期以降の人生を考えるために、更年期障害に至る仕組みやその症状を整理し、なんとなくのイメージだけで捉えていた更年期の具体像をあらためて掴んでいく。そして、執筆時21歳の筆者の視点から、心身に大きな変調をもたらす更年期以降を前向きに過ごすための処方箋を提案する。

1. 人間だけが持つ「第二」の人生——女性と更年期

平均寿命の延びがもたらす変化

２０１７年に発表された厚生労働省の「簡易生命表」によると、日本人女性の平均寿命は過去最高の87・14歳を記録し、２年連続の世界第一位となった。明治時代の日本女性の平均寿命が44歳であったことを考えると、現在はそれより40年以上も長いことになる。その頃に比べると社会も変化し、男女雇用機会均等法などに象徴されるように、現代では女性の社会進出も進んだ。

これは見方によっては、女性が強いストレスを受ける場が家庭だけではなくなったということでもある。平均寿命の延長や高齢化社会の到来、さらに女性の社会進出などにより、更年期からの女性の健康管理は、その後のクオリティー・オブ・ライフのためにもきわめて重要なものになってきている。

女性のライフサイクルの中で、「更年期」と呼ばれる閉経周辺の数年間は身体の内外で環境の変動が最も大きい。閉経を迎える平均年齢は約50歳。閉経とは女性の卵巣において、妊娠可能な成熟した卵子をつくり排卵する機能と、卵巣ホルモンをつくり分泌する機能のふたつが終わったことを意味している。平均寿命が延び続ける今、日本女性は閉経後つまり生殖期を終えたあと約40年近く、生物としての「第二」の人生を生きることになる。

「おばあさん仮説」——なぜ人にだけ老年期がある?

そもそもなぜ、閉経を迎え生殖期を終えたのち、後生殖期あるいは単に「老年期」と呼ばれるこの長い時間を、人間は生きることになったのであろうか。同じ霊長類であるチンパンジーを例に出してみよう。野生のチンパンジーの寿命は40~50歳。メスはほとんど生涯にわたり周期的に月経が維持され、生殖期が終わると同時に死期を迎える。つまり死の直前まで子どもを産んでいて、出産能力をなくすのと寿命が同時にやってくるのだ。これはチンパンジーだけに限らず、私たち人間以外のほとんどの哺乳類にいえることだ。進化上不利であるはずなのに、人間だけがこれほどまでに長い後生殖期を生きていることになる。

「おばあさん仮説」というものを聞いたことがあるだろうか。1998年、アメリカ・ユタ大学教授の人類学者、クリスティン・ホークスらが提唱した、人間の後生殖期に関するユニークな仮説である。すなわち、「女性が自らの繁殖から解放されたあと、その知恵と経験を生かして自分の娘や血縁者の子育てを援助することにより、結局は、繁殖成功度を上昇させることができた」(長谷川眞理子編著『ヒト、この不思議な生き物はどこから来たのか』ウェッジ選書、2002年)というのだ。

この仮説は、ホークスらがタンザニアの狩猟採集生活をしているハッツァ族を対象に行った調査から導き出した。おばあさんがいる子どもと、おばあさんのいない子どもとでは、圧倒的に前者の方が食料状態をはじめとした生活環境が整っていた。若い夫婦が毎日過酷な食料集めに追われる部族では、おばあさんに子どもを安心して預けられることで仕事に集中できるという。我々の生きる社会を考えてみても、おばあさんに子どもの全般的な世話をしてもらえるならば、若い夫婦にとって仕事や家事の負担軽減の点で大きいだろう。実際、日本では共働き世帯の増加により、日常的に孫の世話をするおじいさん、おばあさんが増えている。実家と片道1時間以内の距離に住む子育て世代、いわゆる「近居」の割合は、1997年の43％から2012年には51％に増加している。もちろん、おじいさん、おばあさんに頼りすぎることは知らぬうちに彼ら彼女らにストレスをもたらすことになるため、「ほどよく」が重要ではあるが、社会の第一線を退いた世代にとっても、生きがいや自尊心を回復させることのできる意義のあることだといえる。

子孫を残すことが生物一般にとって究極の目的だとすれば、生殖期を終えても生き続けている人間の高齢者は例外的な存在だ。さらに女性の高齢者である「おばあさん」は、男性と比べて数十年も早く生殖機能が停止するにもかかわらず、男性よりも寿命が長いのだ。怒られてしまう表現かもしれないが、あくまで生殖機能のみについて言えば、閉経後の50歳代以降の女性を「おばあさん」とするならば、自分も30～40年後には「おばあさん」になる。「おばあさん仮説」に基づけば、その存在は社会にとって貴重なものだ。

ところで、2001年に当時東京都知事の石原慎太郎は、いわゆる「ババア発言」で大きな波紋を呼んだ。具体的には、「女性が生殖能力を失って生きているってのは無駄で罪です」、「男は80、90歳でも生殖能力があるけれど、女は閉経してしまったら子どもを産む能力はない。そんな人間がきんさん、ぎんさんの年まで生きてるってのは、地球にとって非常に悪しき弊害」、「文明がもたらした最も悪しき有害なものはババア」といったものだ。石原本人曰く、この発言は東京大学名誉教授の松井孝典が「おばあさん仮説」について話した内容を基にしたものだという(『週刊女性』2001年11月6日号)。しかし、実際のところその内容は松井が意図するものとはまったく異なり、多くの女性を敵に回した。この発言がなされた当時、私はまだ小学2年生だったため、これらの発言の意味は何もわからなかった。だが、今ならこの発言がどれほど多くの女性を傷つけるものであるかがわかる。かつてにくらべれば男女の差別は改善され、積極的な女性の役員・管理職登用が進められている現代ではあるが、彼のように口にはせずとも更年期以後の女性、生殖期を終えた女性が蔑視される状況は少なからずあるのかもしれない。

自身の身体にも生物としての役割にも変化があらわれる更年期以後、約40年続く第二の人生を女性たちはどう生き、自身とどう向き合えばいいのであろうか。

2. 更年期の体と向き合う

心身両面での大きな変化

更年期という言葉はよく耳にするが、ではそれが実際どのようなもので、その時期に女性がどのような症状に苦しめられているのだろうか。ここでは、更年期がもたらす体の変化や症状について整理していく。筆者である私も、今回調べて初めて知ったことばかりであった。私の母は更年期を終えようとしているが、もっと労わってあげればよかったと、少し申し訳ない気持ちになった。今からでも遅くはない。更年期の体の仕組みについて、読者とともに学んでいきたい。

あらためて確認すると、更年期とは閉経を中心とした前後数年間のことを指す。閉経は卵巣の卵胞機能の消失により起こる永続的な月経停止のことで、一年間連続して月経がない場合に閉経であると判断できる。日本女性の平均閉経年齢は50歳、更年期はその前後数年間の時期であるため、おおよそ45~55歳にあたる。初潮と同じように、閉経はその訪れを予測することができないが、更年期には女性ホルモンの分泌が急激に減少することで、ホルモンバランスが乱れて体調の変化や不調を感じる人が多い。

更年期は閉経という大きなイベントを通じて、性成熟期から生殖不能期である老年期へと向かう、生物としての新たなステージへの出発点であり、人生約90年の中間地点にあたる。また社会的に見ても、職場では責任ある立場になることも多く、その他にも子どもの巣立ちや老親の介護、身近な人の死、そしてその先に待つ定年退職などの環境の変化を経験していく。更年期以降の時期は、心身両面で女性にとって大きな変革の時期に相当する。

ホルモンの仕組みを理解する

更年期の女性の体は、何がどのように作用して変調をきたすのだろうか。まずはホルモンの働きを把握していこう。

女性には精神的、肉体的変化を左右するふたつの大切なホルモンがある。それがエストロゲン(卵胞ホルモン)と、プロゲステロン(黄体ホルモン)だ。女性の身体は40歳を過ぎる頃からこのふたつの大切なホルモンの分泌が変化するため、微妙な体調などの変化を感ずるようになるだろう。エストロゲンは女性としての精神的な発達と身体的な性徴を呼び起こし、プロゲステロンは毎月の生理と妊娠に重要な役割を受け持っている。毎月の生理と次の生理との間で、前半期はエストロゲンが分泌され、後半期・排卵後にはプロゲステロンを分泌して受精した卵を迎え入れるように子宮内膜を準備する。受精の機会がなく「待ちぼうけ」となった内膜は不要なものになり、月経として流れ出るのだ。

エストロゲンとプロゲステロンふたつのホルモンが、うまくバランスをとりながら分泌されるのは、さらに川上の中枢である脳下垂体前葉（間脳にあるホルモンを出す組織）の働きによっている。ここから出る卵胞刺激ホルモンが、卵胞の発育を促しエストロゲンの生産を鼓舞している。それからもうひとつの黄体ホルモンが排卵を起こさせ、黄体からプロゲステロンの生産を促す。

脳下垂体前葉は、人間個人の意志に関係なく働く臓器に分布している自律神経中枢とも密接な関係を持っている。自律神経中枢は、心臓の鼓動を早くしたり遅くしたり、血管を収縮させたり拡張させたり、あるいは腸の働きや呼吸の調整をする働きを持つ。心臓がドキドキしたり、恥ずかしいときには顔が真っ赤に染まったり、心配事があるときには食欲がなくなったりすることがあるが、このように感情の変化が肉体に作用するのもこの自律神経系の働きによるものである。

卵巣が活発に働き、脳下垂体前葉からの刺激でエストロゲンとプロゲステロンふたつのホルモンが調和を保っている間は、何の問題もない。しかし40歳を過ぎる頃から、排卵がされなくなり、エストロゲンの生産は次第に減少してくる。さらに黄体の形成もされなくなってプロゲステロンの分泌も止んでしまう。しかし、脳下垂体前葉の方は従来通りに働き、機能が減退してきた卵巣に対してより一層の刺激を与え、さらには機能を回復させるためにホルモン分泌を増量させさえするのだ。その結果、自律神経の働きに狂いが生じて、さまざまなつかみどころのない症状に悩まされることになる。これが更年期の症状があらわれる仕組みである。

説明が少し長くなったが、更年期の症状に至るまでの仕組みを理解することは、更年期と向き合う上で非常に大切なことだ。自分の身体で今、何が起きているのかわかっていれば、少しでも気持ちが軽くなるのではないだろうか。

更年期障害の症状とは

更年期に起こるさまざまな不調を「更年期症状」というが、すべての女性がつらい不調に悩まされるわけではない。この時期の身体機能の変化はすべての女性にあらわれるが、症状の程度や種類、期間には個人差があるため、症状がとても重い人もいれば、楽に乗り切れてしまう人もいる。また、卵巣機能の低下という皆にやってくる変化だけでなく、個人の気質、環境的要因、また生活習慣などによっても変わってくる。このうち、更年期の症状が日常生活に支障をきたしてしまうほど重くなってしまう場合を「更年期障害」と呼び、これは更年期女性の約2〜3割に起こるといわれている。

この時期の過ごし方、健康への取り組み方が、その後に迎える40年もの期間の健康や生活の質に大きな影響を与えることになるだろう。健康を規定する身体、精神、社会環境などの因子は相互に影響を及ぼし合っており、それまで過ごしてきたライフスタイルが密接に関連しているのだ。

では、更年期の女性たちは具体的にどのような症状に悩まされているのか。更年期障害を、大きく三つの症状に分類して整理してみよう。

①自律神経失調症

更年期障害として自覚される症状として一番多いのが、自律神経失調症である。全身の倦怠感、めまい、頭痛、動悸、息切れ、悪心、食欲低下、便秘、下痢など、「不定愁訴」といわれるつかみどころのない不快症状としてみられることが多い。

②精神的症状

更年期における精神的症状は、不眠、無気力、いらいら感、疲労感、緊張感などの症状を特徴としている。環境的側面として、家庭生活や職場を主体としたトラブルに由来する心身のストレスが関連していることもある。

③運動神経症状

主に肩こり、腰痛などがある。朝、起きたては腰痛がひどくてつらいけど、動き出したら次第に楽になるといった症状は、更年期女性特有のものだ。このような更年期の腰痛は、打撲とか外傷などによる誘因もなければ病的な変化もなく、子宮の位置の異常などにも関係がない。また、「膝の関節がすれ合うような音を出す時がある」、「肩がぎしぎしする感じがする」などの異常があらわれる人もいる。これらの症状は、関節の表面のなめらかさが失われ、骨もきめが粗くなり、脆くなったために起こったことである。卵巣ホルモンの欠乏の結果起こってくるもので、卵巣性関節炎と言われる。

更年期と向き合う上で何よりも大切なのは、我慢をしないことだ。症状がつらければ、病気だと思って、まずは検査や治療を受けること。家族に理解してもらいたければ、まずは自分自身が更年期障害であることを自覚しなければ一歩も前へは進めない。何年かすればおさまるだろうと考えて適切な治療や対処をしないでいると、その後の人生に深刻な影響を与えてしまう危険性がある。エストロゲンを用いるホルモン補充療法（HRT）は、ほてりやのぼせ、発汗、性交痛などといった更年期の症状を改善してくれる。また閉経早期からのHRTは、骨粗鬆症やアルツハイマー病などの予防にも効果があることがわかってきている。治療して体調がよくなって初めて、「あの体調の悪さは更年期のせいだったんだ」と周囲も理解してくれるようになることがある。

逆の立場で考えると、周りに更年期を迎えているであろう女性がいれば労わってあげてほしい。精神的にイライラして、あなたに当たってくることもあるかもしれない。ここで「なんだよ」と思うのと、「しょうがない」と思うのとでは、彼女との今後の関係、付き合いが変わってくるし、彼女の症状にも変化が出てくるだろう。周囲の理解は、更年期と向き合う彼女たちにとって何よりの処方箋になるのではないだろうか。

3. 更年期と結婚生活

「愛すること」「ときめき」は最高の良薬

恋をしている女性はきらきらしている。好きな人がいるとか彼氏ができたとかいった報告をしてくる友達を見て、確かに何かしらの変化に気付く。きれいになっているのだ。これはきっと年齢なんて関係ない。年をとってもなお、若さを失わない女性の美しさの秘訣は何よりも「恋をする」ことなのかもしれない。恋をしたり、人を愛することのできる人は、生きるということに対しても非常に前向きで、積極的である。たとえ独身であっても、一昔前にはやった「昼顔妻」であれ、「老いらくの恋」であれ、異性に感情を持ち、人を愛する心は、不快な更年期症状を軽くし、早く老け込むのを防いでくれる。結果、生き生きとした女性らしい美しさを保つことができるのだ。仲良く続いている夫婦に関しても、共通して言えることは、性生活を含めて互いに相手の立場を思い合い、労わり合い、愛し合い、かつお互いを尊敬しあえる関係でいることだそう。

「生理が終わると女が終わる」。そう思う更年期女性は少なくないらしい。けれど、女性の価値はそんなもんじゃない。女性としての機能は何も妊娠するかどうかということだけではないはずだ。もちろん、生理が終わったからといって性行為を拒絶しなければいけない理由はない。閉経後に心身の不調や性障害が生じるならば、それを夫と共有し、負担の少ない性交渉の持ち方を工夫することもできるだろう。夫との関係の中で障害をどのように乗り越えるかは、更年期以後の性生活を豊かなものにも貧弱なものにもしうる。

更年期・老年期夫婦のよりよい夫婦関係実現、維持のために

更年期は人生のひとつの通過点にすぎないけれど、老後の夫婦のあり方にも影響を与える時期でもある。ここでは、長いこれからの人生のためにも、この大切な時期を賢く健やかに過ごすために大切と考えることを列記していく。

①ともに過ごし、ともに活動、会話をする時間を増やす

私の両親は毎週土日、どちらか一日はどこかへ出かける。近所に新しくできたイタリアンレス

トランにランチに行くのでも、ちょっと都心に買い物に行くのでも、映画を観に行くのでも、散歩だっていい。会話がなくても一緒にいる時間を増やすことが大事である。

②双方向の性的コミュニケーションをもち、女性も自分の欲求のありようや、身体の状態について相手に伝え、ともに対処法を考えていく

男性は幼少期からの母親との関係で、察してもらうことには慣れていても、自分が察するのは苦手なもの。今、自分が更年期障害でどんなに大変なのか、体調や、気分を正直に夫に話すこと。お互いに理解し合うことでよりよい関係を築ける。

③性交渉の有無にかかわらず肌の触れ合いを始め、多様な愛情表現を大切にする

日本では滅多に見ることはないが、イギリスに行ったときのこと、70〜80代くらいの老夫婦が仲良く手をつないでいる微笑ましい光景を何度か見た。いくつになっても互いを必要としているということをスキンシップで確かめることも必要なのかもしれない。

おわりに

この章を書くにあたって更年期についての本を読み、雑誌『婦人公論』も熟読した。その中で

更年期を乗り越えてきた、人生の、女性の大先輩の方々の言葉から多くのことを学んだ。更年期について、21歳の女子大学生が書いてきたわけだが、きっと先輩方には小娘に何がわかると思われてしまうこともあると思う。けれど、ひとつ思ったのは「年をとることは怖くない」ということだ。むしろ更年期は自分を変える大きなチャンス。『婦人公論』誌上で、女優のいしだあゆみが次のように言っていた。

誰しも生まれつきもつ欠点や長所がある。その大部分を変えることは難しいかもしれないけれど、少しずつ修正していくことで自分が好きな女性像に近づけるのではないか。少しずつ自分を修正して、なりたい女性に近づく。(2010年1月22日号)

更年期を乗り越えて迎える「第二」の人生は、自分次第でどうにでも面白く、刺激的なものにすることができる。もちろん更年期に迎える女性の苦しみもたくさん知った。きっと、なにかひとつの穴にはまるとなかなか抜け出せないこともあるのだろう。更年期障害は、時には自分で女性としての自分を否定してしまいがちになる。だがその更年期を乗り越えれば、自分を肯定できるようになる。閉経を迎えたから終わり、ではない。生き生きしている女性は、限りある人生を一生懸命に生きることに真剣で前向きである。それに、笑顔が印象的だ。更年期障害に悩まされて怒ったり、イライラしたり、人を恨んだりしていると、気付いたら嫌な顔になっているかもしれない。そんな時は鏡を見て顔をチェックしてほしい。ニコっと意識的に笑顔にするだけでも気持ちが少し軽くなる。

それに、いくつになっても熱中できるもの、夢中になれる何かがあるとよい。もちろん、身体を動かしたほうがいい、何かにチャレンジをしたほうがいいと頭でわかっていても、更年期で気分が落ちていたらそんな気分になれないこともあるはず。でも、そこで前向きになれない自分を責めないことが大切だ。無理やり何かを始めるよりも、今はそういう時期だから仕方がないと、普通に生活するのもひとつの方法である。

つまりは、自分らしく生きることが何よりも更年期以後の「女子力」なのではないだろうか。更年期以後の人生もまた、過ごし方次第で、ひとつの「青春」になる。私は高校時代に青春を経ているけれど、もう一度自分の人生に青春が来る？ そう思ったらわくわくする。「第二」の人生には発展的な未来が待っている。

［引用・参考文献］
新野博子『40歳からの女性の医学　更年期から元気で楽しく過ごす方法』海竜社、2007年
半場道子『女性の痛み　女性のからだ　賢いライフスタイルを選ぶために』日本評論社、2006年

更年期以後の「女子力」とは？——今から知っとく「第二」の人生

河野貴代美編『シリーズ〈女性と心理〉　女性のからだと心理』新水社、１９９９年
駄田井正・原田康平・王橋編『東アジアにおける少子高齢化と持続可能な発展　日中韓３国の比較研究』新評論、２０１０年
武谷雄二・麻生武志・野沢志朗編『新女性医学大系２１　更年期・老年期医学』中山書店、２００１年
田中冨久子『女の老い・男の老い　性差医学の視点から探る』ＮＨＫ出版、２０１１年
大阪市立大学大学院生活科学研究科・生活科学部「生活科学最前線！研究だよりＶＯＬ９：多世代交流による共生ケアの創造」http://www.life.osaka-cu.ac.jp/report/rep09.html
ＮＨＫ「おはよう日本　孫育て　祖父母の本音」２０１３年9月5日放送
「オムロン式美人　知ってみよう　更年期の基礎知識」http://www.healthcare.omron.co.jp/bijin/bijin/shittemiyo/menopause.html
『週刊女性』主婦と生活社、２００１年11月６日号
『婦人公論』中央公論新社、２０１０年１月22日、８月22日、10月７日

Part_2

それでも結婚は人生の一大問題

004

結婚の考古学
——「結婚」は辛か、幸か？

高室杏子

この章では、近代以前の結婚、あるいは昭和期の結婚にまつわる事象を紐解きながら、「結婚の考古学」と題して、今日に至るまでの日本社会が抱えてきた、結婚という制度の側面のいくつかを考察する。現在とは異なる時代状況がもたらす困難、もしくは違う時代にもかかわらず共通する結婚への悩みなどを確認しながら、現在当たり前のように手にしている結婚観をあらためて省みる機会になれば幸いである。

1. 女性の避難所としての「縁切り寺」

東慶寺に駆け込みたい

結婚が話題になるとき、大きく分けて二種類の言葉が聞こえる。「結婚は女の幸せ」と「結婚は人生の墓場」。もし、私が結婚したとして、どちらに近い言葉で語るのだろう。結婚を謳歌している人と、嫌な思いをして苦しんでいる人とがいる。そんなぼんやりとしたイメージしか、今はまだ湧かない。

昔の人々は結婚について、どう考えていたのだろうか。結婚の考古学というテーマを考えるにあたって、まず私は「縁切り寺」と呼ばれる寺を訪ねた。

鎌倉の東慶寺をご存知だろうか。群馬県の満徳寺と並び、江戸時代に「縁切り寺」や「駆け込み寺」と呼ばれ、結婚した夫から暴力を受けたり、浮気されたり、借金のかたに吉原へ売られそうになった妻たちがこの寺を目指した。２０１５年5月公開の映画『駆込み女と駆出し男』の舞台のひとつになったことで、知った人もいるだろう。『駆込み女と駆出し男』は江戸時代の離婚をテーマにした作品だ。大泉洋演じる医者兼作家が戸田恵梨香や満島ひかり演じる「駆込み女」

たちと出会い、彼女らの離婚手続きの顚末を見守るストーリーになっている。映画の冒頭では東慶寺の門へ、髷が崩れるのも構わず、離婚を求めて全力で駆け込む女性の姿が描かれる。映画でも描写されているように、女性の身につけていた簪や草履が寺の門の内に入れば「駆け込み」が成立し、離婚への第一歩となったという。

*

「恋人だから」と頻繁に電話をかけなくてはいけない風潮に、連絡無精の私はしっかり疲れ、戸田恵梨香と並んで駆け込みたくなった。たかが一か月。一か月の間、連絡がないと不安を感じるなんて、保護者のつもりなのかな。そもそも連絡無精の私には恋愛は向いていないのかもしれないが、お互いに幸せじゃない恋愛ならば続ける意味はないし、用事もないのに電話する必要はないと私は思うのだ。

ごく個人的な愚痴はさておき、明治に法律が変わったことで東慶寺は「縁切り寺」ではなくなり、また尼寺でもなくなってしまった。脳裏に咲きかけていた前代未聞の女子大生尼寺ライフの夢は儚く散ったが、映画の原案となった、井上ひさしの小説『東慶寺花だより』を読みながら、私は鎌倉を目指した。

いざ東慶寺へ

東慶寺は鎌倉時代の権力者、北条時宗の妻・覚山尼によって創られた臨済宗の禅寺である。江戸時代には「松ヶ岡御所」と呼ばれる幕府公認の離婚調停の場として用いられ、夫と離縁したい女たちが駆け込んできた。明治4年に縁切り寺法が廃止されるまで、後醍醐天皇の子女や徳川家康の孫娘・千姫など、女性が住職を務める男子禁制の尼寺だった。高貴な身分の女性が住職に就く、幕府からも重要視された機関であったため、東慶寺の駕籠とすれ違うときは大名クラスであっても道の端で待たなければならなかったという話も残っているらしい。明治35年、20世紀に入って間もないころに男僧が住職になり、尼寺としての東慶寺の歴史は終わった。

さて、東慶寺に着いた私はこぢんまりとした門をくぐり、まずは本堂に参拝した。どうか馬が合わない相手とはすっきり別れられますように。なむなむ。庭では福寿草や梅がつぼみを膨らませていた。

東慶寺には通算六回参拝している。どの季節に行っても、何かしらの花がのびのびと咲いている庭が好きだ。賊も出たであろう険しい鎌倉の山を越えて駆け込んできた女性たちを受け入れる、東慶寺の穏やかさを象徴しているみたいだ。「もっと自分のありたいようにあっていいのだよ」と庭のどこかから声が聞こえてきそうな気がした。

次に本堂横の松ヶ岡宝蔵に向かう。東慶寺研究の第一人者である専修大学教授の高木侃が収集してきた離縁状や書状、寺に残っていた書状も展示されている。展示された離縁状には、離婚理由も書いてある。中には借金のかたに吉原に売られそうになった女性もいたようだが、夫が借金をつくったことや暴力をふるうこと、働かないこと、浮気したこと、といった理由が多く見える。昔も今も「ダメな夫」はそんなに変わらないようだ。離縁状は俗に「三くだり半」とも呼ばれ、多くの場合その文面は3行に収まるそうだが、展示されている離縁状の中には短くて1行半、長くてなんと17行のものがあった。離縁状は元妻が再婚するために必須の書状で、離縁状がないままの別居は処罰の対象となったという。

江戸時代の離婚のシステムだが、単に離縁状を夫に書かせて離縁完了というわけではなかった。「駆け込み」後の手続きは、「縁切り寺法」に細かく定められていた。大きく分けて離婚方法はふたつ。寺が仲介する「内済離縁」と、「駆け込み女」を実質2年の間、寺に住まわせる「寺法離縁」だ。大まかに説明すると、前者はいわゆる示談で、後者は裁判によって離縁を決めるもので、「駆け込み」をした女性が離婚したいと申し出れば、ほぼ確実に離婚が叶ったのだという。高木侃は聖域を意味する「アジール」という言葉で東慶寺を紹介し、世界的に見ても特異な避難所の事例としている。

明治4年に「縁切り寺法」が廃止され離婚に関する法律が成立したことで、東慶寺は「駆け込み寺」ではなくなった。明治に新しく制定された法律では、夫の同意なしに離婚できないようになっている。本章後半で触れる、私の祖父母・父母世代の「結婚昔ばなし」を考えるにつけ、もし明治以後も駆け込み寺としてあり続けていたなら、と思うことしばしばだった。

2. 結婚記事の考古学

「足入れ婚」——使い捨ての花嫁

結婚の考古学というテーマで次に見ていくのは、およそ60年前の1950年代から、私が生まれる直前にあたる1980年代に週刊誌上に掲載された、「結婚」についての記事である。

過去の時代の「結婚」記事を収集していくと、そこには現代とそれほど変わらず、結婚をめぐって悶々とする男女の姿が見える。「お家のため」と嫁ぎ先でこき使われるだけ使われて家を追い出される女性。恋愛結婚の風潮の中で、「好きな人ができない」と相談所に駆け込む男女。その相談所でだまされる人々。「高身長」「高収入」「高学歴」を期待される男性。「異性にモテて、素敵な伴侶が欲しい」と結婚に夢を見る、働く男女。ここでは、収集した記事に書かれたエピソードのうち、特に印象的なものを紹介したいと思う。

今回収集した記事の中で一番目を引いたのは、昭和時代の農村での花嫁事情である。「足入れ婚」という言葉をご存知だろうか。同い年の友人に聞いて回っても、知っている人は一人もいなかった。これは主に農村地域で行われた結婚形式で、収穫や種蒔きで忙しい時期の人手不足を補うために、「仮の嫁」として女性を家に住まわせ、農作業や家事の一端を担わせていたそうだ。家に片足を入れたような結婚、つまり「足入れ」によって、家に合った嫁かどうかを試してからの結婚がまかり通っていたのだ。１９５６年に週刊誌に載ったある記事では、この「足入れ婚」が取り上げられていた。

記事の見出しには、「労力が目的の〈足入れ制度〉無料サービスのあげくがポイ」とある。入籍が口約束の段階で足入れし、忙しい時期に妊娠したために中絶を強制され、挙げ句に農繁期を過ぎた後になって、「家に合わない」、「嫁としてふさわしくない」と一方的に離婚させられた女性が裁判を起こした実例が記事では取り上げられている。足入れ婚を「因習」という言葉で表したこの記事が出たのは、第二次世界大戦から十年ほどのちのことである。人権に対する意識が芽生え始めた頃の一幕をひしひしと感じた。裁判を起こした女性以外にも、足入れ婚を経験し、人生をひしゃげられた女性は多くいたようで、記事では足入れ婚について次のようにも書かれていた。

夫には夜のいとなみで無料サービス、家には無休で労働奉仕、それでかつ、親たちのご機嫌を害すると、家から放り出されるとあっては、この妻の座は〈ドレイの座〉と紙一重ということにもなろう。

（『週刊娯楽よみうり』1956年11月2日号）

いかに自分が平和に二十年間過ごしてきたかを改めて痛感した。今日でも、農家にかかわらず嫁入り先で遭った体験談がネット掲示板に匿名で書き込まれることは多い。しかし、掲示板の話は当然匿名であり、どこまで本当なのか確かめようがないため、掲示板の話は少し現実味が薄く読めてしまう。けれども、こうした過去の記事を読んだ後だと見方が変わる。

足入れ婚は「お家のために」行われた。嫁入り道具を準備することが難しい中農以下の家庭から、ある程度の土地を持った農家への足入れが多かったそうだが、「働き手」と「跡継ぎ」を確保したい比較的裕福な家と、「娘をどこかへ嫁入りさせたい」中・小規模の家の需要と供給とが確かに一致して成り立つケースが多かったそうだ。

しかし、そこに娘の選択権は無い。足入れ先家族の顔色に最大限に気を使い、嫁として受け入れられるかを入籍前から吟味され、もし少しでも気に障ることがあれば、結婚ができないどころか、「出戻り」として世間から白い目を向けられ、再び他の相手と結婚することが難しくなってしまう。当時は一度でも「バツ」がついた女性の再婚は難しかったようだ。もとから気心の知れたもの同士ならまだ良いが、本当に結婚してもらえるかどうかわからない相手とその家族を前に、花嫁が抱えただろうストレスは想像するに難くない。

もちろん、すべての農家で足入れ婚が行われたわけではないし、足入れ婚をしたすべての女性が辛い思いをしたとは言えないが、足入れ婚をさせられ理不尽に捨てられた女性たちの「自分が好き好んで、自分で決めてきた結婚じゃないのに」という叫びが記事にはあった。

「結婚ブーム」の時代の出会い探し

今では想像することも難しい足入れ婚の記事を読んだ後、ふと湧いた疑問があった。結婚ブームと言われた1960年代、結婚したくてもできない男女はどうしていたのだろうか。足入れ婚のように家族に強制されることもない環境での結婚を考える時、恋愛結婚したカップル、お見合いをしてお互いの合意のもと結婚したカップルにどうしても目が行きがちだ。けれど、結婚願望があるのにもかかわらず出会いがなかったり、経済的な余裕がなかったりといった理由から、結婚相手探しが難しかった人々も少なからずいたはずだ。今のように、インターネットやSNSに相手を求めることもできない。

そんなことを考えながら、目に留まった1962年の雑誌記事の見出しには、「結婚適齢者登録法を提唱する」とあった。「妻が買ったものを夫も読む」ともいわれる『婦人公論』に掲載された記事だ。「婚活」や「妊活」の文字が踊る最近の週刊誌に載りそうな記事だなあと思って、興味を惹かれた。婚姻率（人口1000人あたりの婚姻件数）が9・2と高い水準だった時代に、結婚相談や福祉事業の専門家が結婚ブームの陰にいた未婚男女の存在を憂えて、「若者がより結婚しやすいように国がお膳立てしよう」と提案したのがこの記事だ。

当時、運営方法や指針を定めた法律こそなかったが、結婚相談所が公営・民営ともに街の至る所にあった。相談所に通う男女の比率はおおよそ4対6で、女性の割合が高かったようだ。相談所に関する法律が特になく、女性の顧客が多かったため、現在の「出会い系サイト」のような感覚で鼻の下を伸ばして利用する男性もいたという。1967年の『女性自身』には、女性記者が実際に相談所の顧客になり、文字通り身体を張った記事もあった。相談所にファイルで保管された登録者の写真が実際とは異なっていたり、風俗業の斡旋をはじめる受付がいたりと、当時の相談所はなかなかに闇が深い。

『婦人公論』の記事ではそんな結婚相談所の様子を改善しようと、「未婚者の良縁達成」と「結婚する若者の心身の健康の保持向上」を理念として掲げ、「結婚適齢者登録法」を提案している。具体的な施策は、地方公共団体が成人した未婚男女を登録し、性格診断によって「お見合いの席」を準備したり、結婚についてのガイダンスなどを開いたり、結婚した者に対して税を軽くしたり、住む家の用意をしたり……、といった具合である。

現代の少子化対策にも通じるものが垣間見える点で、この記事は印象に残った。「そもそもの出会いがない」ことで、結婚への道が閉ざされている男女は、現代だけでなく結婚ブームの中にも存在したのだ。1960年代といえば、私の祖父母が結婚し、両親が生まれた頃にあたる。父方の祖父母は結婚相談所には行かずに、職場恋愛で巡り会えたと懐かしそうに話してくれたが、祖父母と同世代の人口を考えるとやはり出会えずにいた人もたくさんいたに違いない。

結婚相談所を頼ってまで結婚したいと思ったのはなぜなのだろうか。今は、自分の意思で生涯独身を貫くと決める人も多くなったが、当時のことを思えば、「結婚は幸せなこと」と信じる人が多かったのかもしれない。法案提唱の記事にもこう書いている。

> 経済の成長、所得の倍増と、池田さんがラッパを吹き、都市も農村も電化されて、楽しいレジャー、豊かな暮らしと巨大広告に拍車をかけられれば、若人の結婚への夢が限りなく拡がるのは当然だろう。
>
> (『婦人公論』1962年3月号)

バブルがはじけた後の1994年に生まれた私の想像力が少し息切れするぐらい、当時の「上向き」具合がよくわかる。高い婚姻率からもわかるように、大多数派は結婚に肯定的だったようだ。ただ、少し気になることがある。「結婚したくない」と思っていても言えなかった人は本当にいなかったのだろうか。もちろん、もう56年も前のことだから現代の感覚から意見することには意味がないかもしれない。しかし、当時の社会は「結婚しなくてはならない」ムードになってはいなかったのか。その雰囲気の中で、「親が口やかましいから仕方なく……」なんていう男女はいなかったのだろうか。

花ムコの必修科目

結婚したくてもできないことを悩むのはどうしてだろう。「恋愛したいけどする相手がいない」とクダを巻く自分や友人の姿を思い起こしながら、1980年代の雑誌記事を漁っていると、ある記事の見出しに耳慣れない字面が目に入った。「花ムコ学校で覚えてほしいこと」。〝花ムコ学校〟ってなんじゃそりゃ。花嫁修業の男性版かしら。「学校」という表現に、家長制度の空気漂う「花嫁修業」にはない、いささかの近代らしさを感じる。けれど、私の知る現代のニオイはみじんもしない。おもしろい。

「花ムコ学校」で「覚えてほしいこと」って、何だろうか。記事が書かれたのは1989年。当時、義務教育に家庭科がまだ導入されていなかったことを考えると、「妻に家事を任せきりはいけませんよ」と教壇で講義を行う先生の姿が思い浮かんだ。記事の内容もきっと、「夫のここがダメだ」とか「結婚できない男は性格に問題がある」とか、そんなふうに男性に責任を押し付けた記事かな。内心ビビりながら読み始めたが、あっさり予想は覆った。

記事の中では、日本青年館結婚相談所所長の板本洋子、ジャーナリスト兼花婿学校副校長の斎藤茂男、そして評論家で花婿学校校長の樋口恵子の三人の座談会が行われていた。10ページにもわたる座談会の発言記録のうち、目についたキーワードは、「宮﨑勤」と「母親」。結婚に悩む男性の話と連続幼女誘拐殺人事件の被告に何のつながりがあるのだろう。

この事件は1989年の夏、4歳から7歳の女児を殺害し、犯行声明を新聞社に、被害者の身体の一部を保護者に送りつけるといった、人間のしたこととは思えない残虐な、そして理不尽さに満ちたものだった。

座談会の記事が載ったのは同年の11月。被告の生い立ちに着目しながら、家庭を築くにあたってどのような男性・女性であるべきなのかが議題となっていた。樋口は宮﨑勤と花婿学校にくる男性陣は「人間関係の場数を踏んでいないところ」が似ているという。板本はそれに対し、「すべての男性がそうだとは言えない」と反論しつつも、相談所に訪れる男性から「大人の女性がわからない」と聞いていると述べ、結婚できない原因を人間関係の希薄さに求めている。

てっきり家庭科を教えるだけの場所なのかと思っていたが、どうやら樋口の学校は違うようだ。「女性の変化と自分との格差」、「自身の育った家庭環境」を自覚させることを花婿学校はふたつの柱としているという。この言葉だけではわかりにくいが、要は「女性とどう付き合えばいいのか」と「自分は家族に何を求めているのか」をより具体的に考えられるように、カウンセリングや講座を通して学べる学校ということのようだ。学校に訪れる「学生」は母親に電話で申し込みをされることが多かったというから、いかに母親が「息子の幸せ」を願っていたのかがよくわかる。息子は果たして結婚で幸せになれたのだろうか。板本は記事の中で当時の母親をこう表している。

お母さんというのはいま、矛盾の塊ですよ。娘には、自分が背負った苦労はさせたくない。自分は行きがかり上の結婚をしちゃったけど、娘には愛し合った人と結婚してほしい。息子に対しては違うんですよ。私とも仲良くできる気立てのいい嫁で、自分の老後の問題もお嫁さんに期待をかける……。

（『婦人公論』1989年11月号）

最後に

この記事に登場する「お母さん」は、私の祖母と同い年くらいの年代になるだろうか。2014年の春にこの世を去った祖母がホスピスに入る前、ぽつりぽつりと教えてくれた話がある。祖父と結婚してしばらくの間は、祖父の実家で寝たきりの義父母を介護する日常だったという。少しのことで気分を損ねる義父母から無理難題を押し付けられることもしばしばだったとも聞いた。祖母の実家が遠く簡単には帰れなかったため、自身の親を看取れなかったことを寂しそうに話していた祖母に、私は何と言葉をかけたらよいかわからなかった。かつて養護教諭をしていた祖母と同じ高校の教師をしていた祖父とが「行きがかり上の結婚」だとは到底思えないけれども、それでも祖母の背負ってきた苦労は計り知れない。

祖母も我慢強い人だったが、母は私が知るなかで一番気丈な人だ。母は常に自分ではない誰かを気にかけ、優先している。忙しい仕事の後にホスピスの祖母に会いに行き、同居する祖父の健康を気遣い料理を届ける。「なんで私ばっかり」と思うことも一度や二度ではなかったはずなのに、誰かにつらく当たることなく飲み下して、現在まで見守ってくれた感謝の思いがこみ上げてやまない。卒業後の進路が決まった今、この恩はなんとしても孝行して返したいと改めて思う。母親はもちろんのこと、家族には幸せに生きてもらいたいし、幸せに生きてもらうためにはどんなことも私はしたい。けれども、自分も幸せに生きないと。

この章では、「縁切り寺」を起点にした明治以前の離婚事情と、戦後の週刊誌の中から結婚にまつわる印象的な記事を取り上げてきた。ここまで見てきても、「結婚はすべきものなのか」について、まだ私はイエスともノーとも答えられない。大学の先輩たちがワークライフバランスについて思慮しているのを見ると、「ま、まだ20代だし」と逃げられるのもあと数年のうちだと冷や汗が流れる。実際に結婚してみなきゃわからないことの方が多いだろうし、過去の記事を掘り返したことに意味などないのではないかとさえ勘ぐってしまう。

ただ、縁切り寺を訪ねたり、過去の記事を読み散らかしたり、あるいは人生の先輩方から話を聞いていく中で、当時と今を比べて結婚に対する世間の考え方が移ろうのを確かに感じた。私も世間の雰囲気を決める一人だと考えると、いつまでも他人事として見ているわけにはいかない気がしてくる。

過去、確かに結婚を「辛いもの」と考え、縁切り寺に駆け込んだ人々がいた。ある人は決められた結婚に逃げる場所もなく泣き寝入りし、ある人は理不尽な離縁に憤慨した。結婚したいけどできない人々が悩んだ。息子の幸せのために結婚相談所に電話をする母親がいた。「むかしむかし、こんなことがあった」という話が、結婚について考える材料になることを祈りながら書いた。

「結婚は女の幸せだ」、「結婚は人生の墓場だ」などといった断定的な言葉に振り回されることなく、生きていきたい。自分と、ひょっとしたら家族になるかもしれない人、そして仕事場や近所の人……、周りの人の「幸せ」について考えながら自分なりの「幸せ」を見つけたいと思う。「自分の考える幸せ」とは違っていたら、結婚はしないかもしれないけれど。

005

おひとりさまで90年をシミュレーション

——「長生きで独り身」が少数派でなくなる時代に

小林万純

事実婚など、結婚やパートナーに関する価値観の多様化はあるものの、50歳時未婚率（あまり好きな言い方ではないが）、いわゆる「生涯未婚率」も年々上昇していると言われている。また、医療技術の発達のおかげで平均寿命は年々上昇し、いまや長寿国として名高い日本。こういった数値からは「長生きで独り身」という状態が少なくない確率で発生するのだと考えられる。だからこそ、「おひとりさま」としての老年期について、具体的な想像力を働かせておくことも重要になるはずだ。本章では、「結婚したい」派である筆者がその理由を整理しつつ、それでもなお「おひとりさま」として生きる道に進んだとしたら、老年期にどのような課題が待っているのか考察していく。

1.「人生90年」が当たり前の社会

延びる平均寿命

「90」という数字を見て、あなたは一体何をイメージするだろうか？　スーパーで値引きされ、お買い得商品になった物の値段？　それとも、サッカーの試合時間だろうか？　もし、あなたが化学が好きであれば、原子番号90の元素である「トリウム」を連想したかもしれない。

この「90」という数字、日本の女性が生きるおおよその年数にあたるのだ。２０１７年の厚生労働省の発表によれば、日本の女性の平均寿命はそれまでの過去最高を更新し、87・14歳となっている。厚生労働省の予測では、２０６５年には女性の平均寿命のさらなる上昇が予想されている。なんと、約91歳まで長生きする社会がやってくるという。多くの女性にとって、90歳近くまで生きることが当たり前になるのだ。この数字を基準にするならば、20歳そこそこの私の現在地はそのうちの4分の1程度の場所でしかないということになる。現在の私の感覚からすると、90歳まで生きるなんて想像しがたいし、少し気が遠くなるようでもある。

90歳まで生きるということについて、少し考えを膨らませてみた。労働しているのか。年金はもらえるのか。経済的に生活していけているのだろうか。介護は必要になっていないだろうか。孤独になっていやしないか。そんな不安ばかりが頭の中で膨らんでいく。ノープラン、人生行き当たりばったりで過ごしていたら、その不安は現実のものになってしまう気がしている。

90歳まで生きるのが当たり前な世の中になるなら、今から90歳までの人生設計を考えておいたほうが、安心だと思う。70歳くらいになった時、あとの20年を過ごすために必要なことをしてこなかった、のように「気付いたら遅かった」なんてことにはなりたくないのだ。

「おひとりさま」の増加

『平成29年度　厚生労働白書』によると、2050年時点での50歳時未婚率は24・7%との予測もある。2000年に生まれた岡田結実ちゃん（お笑いタレントますだおかだの岡田圭右さんの娘）や、濱田龍臣くん（大河ドラマ『龍馬伝』で坂本竜馬の幼少時代を熱演）、お笑いコンビ「まえだまえだ」の弟前田旺志郎くんたちが、50歳を迎える頃には、おおよそ4人に1人が「おひとりさま」になる社会がやってくるのだ。

平均寿命と50歳時未婚率、どちらの数値も上昇傾向にある。つまり今後、非婚であり長生きな女性は増えていくと予想される。パートナー不在で生涯を終える女性、つまり、「おひとりさま」の数が増加することを踏まえて、そういった女性たちが今後直面するであろう諸問題について、本章では考えていきたい。「おひとりさま」の生き方に関しては、自分に起こりうる可能性もなくはないため、真剣に考えていきたいと思う。

2. 結婚はしたいけれど

結婚する理由

ここでは私の個人的な結婚への志向とその理由を整理していく。まず、私の認識だと、結婚とはパートナーと家庭を築くことを法的に認められている状態のことを指す。また、「結婚する」という選択肢と「結婚しない」という選択肢のどちらを選ぶのかは、個人の自由に委ねられているし、結婚するのが良い、しないことが良いといったように、両者についての善し悪しをここで述べるつもりはない。「結婚＝幸せ」の等式が成り立つ人ばかりではないだろうし、結婚しなかったことで不幸な人生を歩むという結果に陥る人ばかりではないはずだ。そもそも、価値観の多様化が進む最近では、パートナーはいるが結婚はしていない、等のパターンもあるだろう。

そのうえで、個人的な志向として、私は結婚願望がある。結婚したいと考える時、その理由は大きく四つある。①ご飯は誰かと一緒に食べたいから、②「結婚」に対する肯定的な周囲の意見の存在、③看病してくれる人が居ると万が一の時にも安心だから、④好きな人であれば一緒に居たいから。私が結婚したい理由を考える時、以上の理由が浮かんでくる。

ひとつ目の「ご飯は誰かと一緒に食べたい」という思いは、ご飯の時、寂しい思いをしたくはないということと同義だ。私が独り暮らしを始めてから八年が経とうとしているが、独り暮らしを始めてから半年ほど経って以降、常々思っていたことがある。それは、誰かと一緒に食べるご飯は美味しく、独りで食べるご飯は何だか味気ないということだ。江國香織の小説『東京タワー』でも、ヒロインの詩史が同じようなことを言っていて、共感を覚えた記憶がある。

ふたつ目は、「結婚」に対する周囲の意見の存在である。そのことに気づかされたのは、父と２０２０年の東京オリンピックについて話をした時のことだった。父がふと、「その時、万純は26歳か。結婚していてもおかしくはないよね」と言い出した。その時点で就職先も決まっていない大学生の私は一度たりとも自分の結婚を想像したことがなく、衝撃の大きすぎる話であった。確かに、私の両親は彼らが26歳の時に結婚している。「わが娘も同じくらいの年で結婚するかも」と父が考えたとしても理解できなくはない。父のように、自らの経験から娘の結婚について推測する人は少なくないだろう。自分が通った道だから、結婚するのは当たり前という認識を持つ人の方が、私の周りには多いように思う。実際、父だけではなく、祖母からも結婚についてほのめかされたことがある。父や祖母など周囲は結婚することを当たり前だと考えているし、私に対してもまた、ごく当たり前に結婚を期待している。その中で、私が未婚で50歳を迎えたとしたら、その人たちはどのように思うのか、なんとなくは想像がつく。

三つ目に挙げたのは、万が一の時に看病してくれる人がいるという安心感だ。実際に、私がひどい高熱でうなされた時に、恋人が居てくれたことで身体的にも精神的にも救われた経験がある。高熱を出して体中が気怠く、腰痛もひどい。そんな時にはゼリー状のものぐらいしか食べられないのだが、それを買いに行く元気ももちろんない。そんな状況の中、恋人が諸々買って私の家に持って来てくれた時には、彼が救世主のように思えた。その後も、必要なものを細かく指定して何回も買い出しに行ってもらったのだが、そういったわがままはやはり親しい間柄でないと頼みにくい。親しい間柄の人間が近くにいてくれると思えれば、適切な対応も期待できるし、やはり安心できる。

最後は「好きな人とは一緒に居たいから」ということ。夢見る少女の戯言のような理由だが、このシンプルな感情は致し方ない。パートナーがいれば①、③、④は満たせるだろうが、②については結婚という法的措置をとらねばクリアできそうにない。

25%の壁

私自身は結婚への志向を持っていることとその理由について書いてきた。しかし、先に述べたように、そこに立ちはだかるのが「25%の壁」だ（正確には24・7%）。

日本の女性のうちおおよそ4分の1が、50歳の時点で未婚になるらしい。それを思えば未婚の女性は圧倒的少数とはいえないし、結婚したいと考えている私だって、その25%の方に入ることは十分に考えられる。人生において、パートナーに恵まれず、結婚という選択肢を選ばなかった、あるいは選べなかったとしたら、私の人生には一体何が起こるのだろう。

「先のことなんて心配しなくても、なんとかなるよ」と声をかけてくれる人も居るかもしれない。しかし、目的地も決めずにとりあえず歩く、などというのはあまりに無謀だ。実際、それぞれのかたちで「なんとかなった」人だって、無意識に勘を働かせながら、望むべき方向に着地したりしているのではないか。正真正銘、「何にもしなかった」という訳ではないだろう。「結婚する」、「結婚しない」どちらにせよ、自分の身に起こりうることと、その対処法、さらには幸せになる方法まで把握しておきたいのだ。

私は10年ほどトロンボーンという楽器の演奏を続けている。演奏する時、「この音は丸みのある音だから、こういう息づかいをしよう」といった具合に、音を出すためには事前にイメージを持たなければならない。頭の中で想像しないままに出した音は、へなちょこなものになってしまう。イメージトレーニングの重要さは、楽器の演奏法に限った話ではないはずだ。人生というもっと大きな枠組みにおいても、先のことをイメージするかしないかで、起こった事象に対する反応も変わってくるだろう。どうせ一度きりの人生なのだから、もちろん幸せになりたい。だからこそ、もし「おひとりさま」という道を歩むことになった場合に、一体何が起こるのかを考えておきたいのだ。

3.「おひとりさま女性」に立ちはだかる課題

おひとりさま人生のターニングポイント

「おひとりさま人生」を大きくふたつに分けるターニングポイントがあるとすると、それは「退職」ではないだろうか。ここでは、企業に定年まで勤めあげた場合の話を前提にしているが、それは退職前後で健康状態や収入には大きく変化が生じると考えられるからだ。

ターニングポイントの前半部分、つまり就職してから退職前までの時期の非婚女性は、退職後に比べれば健康状態が良好で、安定的な職に就いていれば一定の収入がある人が多いと考えられる。この段階では、たとえば、パートナーに恵まれず、そして結婚もしていない「おひとりさま女性」であればもしかすると「寂しい」という気持ちが生じるだろう。それは残りの75%の「パートナーと結婚した女性」と比較してしまうからだ。隣の芝生は青く見える。逆に75%の彼女たちも、「おひとりさま女性たちが手にして、自分らが手にすることが出来なかったもの」を羨ましく思うこともあるかもしれない。そういう類のものは、人の価値観によって左右されるため、生じる問題を一概に述べることは難しい。私の場合でいえば、きっと寂しくなるだろうから、その気持ちを紛らわすために、しゃかりきになって働くか、ペットを飼うか、または「私は岡田准一命だから浮気なんてしてしないのだ！」と自分の感情をごまかすかもしれない。

ではおひとりさま人生の後半と考えられる「退職後」はどうだろうか。この時期のおひとりさま女性は、職に就いている頃に比べて年齢的にも以前より身体が自由に動かない人が多く、また収入も減っている人が多いだろう。そんな時期のおひとりさま女性にとっての課題は、①カネ、②介護、③終活の三つではないだろうか。

その頃、おひとりさまという選択肢を選び長く生きる人が周囲にも少なくないだろう。そうした人達と「女子会」で話す時、きっとそれらの話題は避けて通れないだろう。「○○さん、退職なさったんですってね。それで、収入の方は今どんな感じなの？」、「最近、ぼけてきたかもしれないの。介護、必要なのかしらね」、「私ね、最近終活してるの。ほら、○○さんも言ってたから」。

こんな会話が、当たり前のように話されるはずだ。先手必勝ではないが、今からその時期について考えてみることで、人生を安心して生きることの手助けとなればと思う。

非婚女性の課題①　カネ

平均年齢90歳という世の中になっていくからこそ、退職後の人生も長いということを考えねばならない。社会で生きていく上ではお金は必要不可欠となる。「おひとりさま」であればパートナーも子どもも居ないため、いざというときに頼れるのは自分自身の貯蓄だけという可能性も低くはない。だからこそ今から、退職後に収入を得る手段について把握しておきたい。

おひとりさま女性の老後の収入は、三パターンほど考えられる。公的年金、不労所得、それに就労収入だ。老後、大きな収入源となるのが「公的年金」だろう。生年月日で個人差はあれど、65歳から年金が支給されることになっている。支給額は加入している公的年金の種類と加入年数によって決まる。自営・自由業の職についていた人が受け取る年金のことを「国民年金」という。また、会社員であった人が受け取る年金は「厚生年金」だ。国民年金受給者の平均年金月額は5万5千円。厚生年金保険（第1号）受給者の平均年金月額は14万8千円となっている（データは２０１６年度時点のもの）。

公的年金のよいところは終身年金で、一生涯支給され続けるという所だ。しかし、少子高齢化に歯止めが利かない日本の現状を考えると、年金支給は減額の一途を辿ることが予想される。そのため、上記した数値よりも低い額の年金が支給される見込みになることは、きちんと把握しておくべきだろう。

二番目の老後の収入源としては、「不労所得」があげられる。これは預貯金や債権などの利息収入や、株や投資信託といった運用商品の配当収入・売却収入、それから不動産の賃貸収入などの所得を指す。しかし、このような収入を得るためには、若いうちから計画を立てて貯蓄したり、株の売買をしたり、自身の住居以外の不動産を保有しておく必要がある。退職後・老後になってから誰もが手にすることのできるものではない。

そして三番目の収入源は、「就労収入」である。定年などで退職後、高齢になって再び働き収入を得ることも、カネ獲得の手段のひとつだ。これには経済的メリットがあることは言わずもがな、心身の老化防止や感情の安定化、人間関係を保てることによる孤独解消など、心身の両方にメリットがある。働かずとも生活するのに十分な蓄えや収入がある人もいるかもしれないが、生きることにプラスの意欲を得られるという点でも、高齢になった後にも働いてみて損はないと思う。「働くことは生きること」とはよく聞く言葉だが、働くことで生きる意欲が湧くのであれば、まさにその通りの言葉だと思う。また、働く手段のひとつとして、起業してみるのもいいかもしれない。日本の政策金融機関である日本政策金融公庫では「女性、若者／シニア起業家支援資金」

というサポートを行っていて、国がシニアの起業を推奨してくれている。これまでの人生で培ってきたスキルを生かせて、なおかつ他の人の顔色を窺うことなく力を発揮できる場を新たに作って活躍してみるというのも、楽しい余生の過ごし方のように思う。このように見ていくと、たとえ一人で生きていても、退職後はなんとかなりそうだ。

非婚女性の課題② 介護

しかし、それらはあくまで体が健康であるという前提の話だ。たとえば、突然身体の自由が利かなくなったとしたら、通常の生計以外の出費が必要になる。そこで次に、介護の諸問題について考えてみよう。

もし自身が介護の必要な身になったとしても、パートナーや子どもがいるならその人たちに頼ることができる。しかし、「おひとりさま」はそういかない。介護をしてもらう人や費用など、すべて自分で選択することになる。それも、身体が言うことを聞かなくなったり、認知症の症状が出てきたりしてからでは難しいだろう。だから今のうちに、費用や被介護者としての心構え、そして「2030年問題」と呼ばれる課題など、介護に関する諸問題について考えてみたい。

まず、介護にはどのくらいのカネが必要なのか、想像してほしい。

2012年に、生命保険文化センターが全国の約4000人に対して行った調査によれば、世帯主または配偶者が要介護状態となった場合の予想必要額は、回答者平均で３２８５万円。そして、介護に要する期間はどのくらいと予想するかという問いでは、平均で14年1か月、という回答結果が出た。それくらいの費用、期間が介護のために必要になるだろうと想像する人が多かったようだ。

実は、同じ年に介護経験者に実際にかかった費用・時間についても質問をしているのだが、その回答が非常に興味深い。実際に介護にかかった費用の平均は約５２６万円。また一時的にかかった費用の平均が91万円、月々にかかった費用は平均７万７０００円という回答結果が出ている。さらに介護経験者が回答した実際の介護期間は、平均４年９か月。つまり、介護をまだ経験していない回答者の予想費用、予想期間よりも、実際の数字ははるかに少なかった。

予想と実際の数値にこれほどの差が出た原因として、経済ジャーナリストの荻原博子は「介護保険の利用実態があまり知られていないから」であると指摘している。調査実施日から現在まで時間が経過しているため、現在の認知度について定かなことは言えないが、介護保険制度を利用すれば金銭的な負担が少しは軽減できそうである。「介護保険制度」は日本の高齢者の割合が17・3％に上昇した２０００年に施行された。40歳以上の人は全員加入して、介護保険料を納め、介護が必要になったら所定の介護サービスが受けられる。そして、介護状況に応じて限度額はあるものの、介護費用の１割または２割負担でサービスを受けられる、というものだ。家族に頼らない、頼れない「おひとりさま」にとっても、この制度を知っておくことは強い味方になる。

介護保険の適用には、要介護であることが公的に認定される必要がある。認定には、介護を必要とする度合いの軽いものから順に、要支援1、2、要介護1～5までの7段階があり、それぞれの段階に応じて、介護サービスを安く受けることができる。たとえば、要介護1とは、日常生活で何らかの部分的な介護が必要な状態であることを指すが、この段階の場合、月16万6920円までの介護サービスを、1割または2割の費用負担で受けることができる。個人差はあれど、この「介護保険」という制度を利用することで金銭的な負担が軽減でき、経済的な困窮を避けることができるだろう。

さて、介護に関連してもうひとつ、ある問題に触れておきたい。介護業界における「2030年問題」と呼ばれるものについてである。2030年には、65歳以上の高齢者の割合が30%を超え、病院のベッド数の不足などが原因で治療も満足に受けられず、死に場所に困る老人が50万人にも上る事態が起こると言われている。そうなった時、人生の最期を迎える場所は一体どこになってしまうのだろう？

この迫りくる苦境に向けては、患者の家で診療する「在宅医療」の充実によって対策をはかろうとする動きが出ている。その一例が、2010年に設立され在宅医療を専門にしている「祐ホームクリニック」だ。複数の専門医を揃え、24時間365日対応で、何か起きた場合に医師がすぐに駆けつける態勢をとっている。2012年の厚生労働省の「在宅医療の最近の動向」によれば、在宅医療を必要とする者は2025年には29万人と推計されている。一方、在宅療養支援診療所の届け出数は、2006年から2010年の間で約3000件増加、在宅療養支援病院の届け出数も2008年から2010年で約300件増加している。在宅医療を行う機関に対する需要がますます増加していくのに応じて、その要望に応えるように在宅医療機関の数も増えていることがわかる。

このような新しい形で診てもらえる機会が増えるのは、将来に向けての安心材料だ。ただし、このような在宅医療を行う機関にはまだ地域によって偏りも見られる。その解消はこれからの課題なのだろう。

おひとりさま女性の課題③　終活

最後に、すべての人にとって避けられない「死」について、「おひとりさま」が考えるべきことを述べていきたい。

死は、誰もが通る道だ。私も90年ほど人生を歩んだ後、天に召される日が来るだろう。私が非婚の道を歩み、パートナーも子どもも居ないまま死を迎えたら、誰が私の死後の世話をしてくれるのだろう。私はひとりっ子であるため兄弟姉妹もいないし。親戚ともそれほど密な付き合いはない間柄のため、死後の処理をしてもらうのも気が引けてしまう。人生の最期を迎えるにあたって、周囲に迷惑をかけることのないようにしたい。とすれば、自分自身で「自分の死」の準備をした方がよいのだろうという気持ちになる。嗚呼、「就活」も終えていない女子大生が「終活」について考えるなんて！（２０１５年現在）

さて、スマートに死を迎えるために最低限、前もって決めておくべきこととして、ここでは「後見人」、「身元保証人」、「葬式」の三つを考えてみたい。

まずは「後見人」である。「おひとりさま」が自分の後見人を決めるということは、「成年後見制度」を利用するということだ。「成年後見制度」は、２０００年に介護保険と対になる制度として登場した。認知症や知的障害、精神障害などで、判断能力が不十分な人を「後見人」が支援する仕組みだ。この制度にはふたつの種類がある。すでに判断能力が衰えた人を支援する「法定後見制度」と、まだ元気なうちに将来の支援者と支援の内容をあらかじめ定めて契約をしておく「任意後見制度」だ。できるならば、後者の「任意後見制度」を利用してあらかじめ後見人を選定することで、スマートな最期への準備を進めておきたい。後見人として選べる相手は、親族に限定されない。親族以外にも司法書士やＮＰＯ団体、友人などから、信頼のおける相手を選別して、任意後見契約をすることができる。後見人の役割は、財産管理や身上監護（介護契約や介護施設への入所契約といった生活・療養に関する事務手続き）などである。後見人がいれば、自分に認知症の症状などが出た場合にも、銀行の手続きや不動産の売却などの処理を任せることができ安心だろう。

次に、「身元保証人」についてである。入院や手術、福祉施設への入居や賃貸物件の契約など様々な場面で重要なのが身元保証人だ。就職の際などに必要になることが多いが、特に「おひとりさま」が老後を迎える場合、身元保証人を確保できるかどうかは大きな問題である。身元保証人が必要なのは、単に経済的な保証のためだけではない、病院で亡くなった場合に遺体の引き取り手としての役割などもある。しかし、「おひとりさま」として生きる場合、周囲に身元保証人になってくれそうな目ぼしい人もいない可能性は高い。

こうした場合、親族の代わりに身元保証人になってくれるＮＰＯ団体を探すという手段がある。金銭面や契約内容を確認しながら、自分の求めるサービスを提供してくれるＮＰＯを事前に探しておければよい。

自分の死後のこととなれば、葬式をどうするかといった問題も生じる。ＮＰＯの中には、自分の葬式に関する処理、つまり「公正証書遺言」を書き渡し指定の金額を納めることで、火葬から葬儀、遺骨運び、死亡通知までを請け負ってくれる団体もある。また、死後の家の片付けについても、遺品整理業者に処理してもらうという方法がある。自分がもうすぐ最期を迎えるだろう時には、仲の良い友人だってきっと同じように、最期を迎えるような年齢になっている。だとしたら、自分の死後の処理を頼むことも簡単ではないし、頼んだとしても申し訳なく思ってしまう。また、自分の死後のことを誰かに丸投げしてしまうというのは、自分の人生に関わった人に対して配慮の足りない行為だ。さらに、丸投げしたまま誰にもキャッチされない、なんてこともあるかもしれない。それはそれで、あまりに悲しすぎる。

「カネ」や「介護」の問題に比べて、死後の問題は自分に返ってくる影響は皆無だ。しかし、自分の「死」の後の問題を考えようともしなかったとしたら、その場合「おひとりさま」という言葉は、社会的に孤立することを意味してしまうのではないだろうか。非婚という選択をしたならば、パートナーも子どももいない可能性が高いだろう。けれども、社会的には誰かしらと縁があって繋がっていたはずだ。ならば、その縁を最期まで大切にして、死を迎えた方が幸せなのではないだろうか。世界で本当に独りぼっちという意味での「おひとりさま」として終わってしまうなんて、これまで生きてきた人生を棒に振るようなものだ。自分自身の有終の美を飾るためにも、また、生前に関わった人への感謝の意味でも、自分の死後の問題に関しても真摯に向き合い、対処するべきだろう。

最後に

前半で述べたように、私はそもそもパートナーが欲しいし、パートナーと結婚したい派に属していた。その理由とはしては先ほども挙げたように、①「ぼっち飯」は寂しくて嫌だから、②結婚に対する周囲からのプレッシャーを感じるから、③看病してくれる人が居ると万が一の時にも安心だから、④好きな人と長い時間一緒に居たいため、というものだった。「おひとりさま」であることで生じる課題カネ・介護・終活は、パートナーを得、結婚することでクリアしやすくもなる。また人生は長いことを考えても、連れがいた方が楽しいことも多いだろう、と私は思っている。

しかし、本章後半で見たように、パートナーがいなくても、結婚を選ばなくても、それらの課題をクリアしていくための道はあるはずだ。たとえば、結婚したい理由の③で挙げた、万一の時の看病してくれる人の存在についていえば、老後に関しては親族以外に介護してもらえる機関の存在を確認した。そのような形で、「おひとりさま」として生きてもこの項目はクリアできるかもしれない。また、この章で見てきたような対策をとらなくても、結婚とは別の形でクリアできるものもありそうだ。結婚したい理由の①に挙げた、「ご飯は誰かと一緒に食べたい」という願望なら、友人らと食べるという選択肢もある。④の「好きな人と一緒に居たい」という願望は……、気の合う仲間を探して一緒にいれば良いのだろう。シェアハウスを模索するのもひとつの手だ。②の周囲の結婚に対するプレッシャーに関しては、時間が解決してくれると信じている。

独り身人生を歩んだとしても、未来の私は、なんだかんだ楽しくやっていけそうだ。

パートナーに恵まれるかどうか。そして結婚するかしないか。それは個人の自由であるし、縁の力によるものが大きいと思う。どちらを選ぶのかという選択それ自体よりも、今後の日本の変化に敏感になることの方が大切だ。日本が今後、どのような社会になっていくかをしっかりと理解し、その変化の波にのまれないようにする。むしろ、波乗りをしていく勢いがあると良い。そうやって、自分の人生を楽しんでいきたいと、私は思っている。

〔引用・参考文献〕

国立社会保障・人口問題研究所『日本の将来推計人口』厚生統計協会、２０１８年

厚生労働省『平成28年　簡易生命表』厚生統計協会、２０１７年

江國香織『東京タワー』新潮文庫、２００６年

All About『おひとりさま老後、働けるだけ働いて収入を得よう！』http://allabout.co.jp/gm/gc/442968/

朝日新聞デジタル『「介護費用」はどれくらい必要なの？（1）』http://www.asahi.com/and_M/living/SDI2014102282161.html

テレビ東京『カンブリア宮殿』「ニッポンの超高齢社会を救え！異色の経歴の意思が挑む医療改革！」２０１４年3月6日放送

上野千鶴子『おひとりさまの老後』文藝春秋、２０１１年

松原惇子『おひとり死（オヒトリシ）』河出書房新社、２０１０年

児島明日美、村山澄江『今日から成年後見人になりました』自由国民社、２０１３年

厚生労働省『平成29年度全国版　厚生労働白書』

006

結婚は多様化する?

——後妻業、パートナーシップ、婚外子

湯本彩花

戦後の高度経済成長期を支えてきた、「正規雇用の男性+専業主婦の女性+子ども」という典型的な結婚の形は、現在大きく揺らいでいる。労働者が経済的な安定を期待することがかつてより難しくなったことで、前世代をモデルにしたライフプランを継承することは難しい。そもそも婚姻という制度そのものが、その位置付けを見直されるべき時期に来ているのかもしれない。本章では、今日の結婚という制度を考えるための論点のうち、中高年期の経済力、婚姻によらないパートナーシップ制度、そして婚外子の扱いの三点をクローズアップする。これからの結婚について、議論の前提となるべきトピックを確認してほしい。

1. 後妻業——経済力が最重要！

年上男性は魅力的？

雑誌『AERA』が2012年9月17日号に掲載した「未婚時代だから超年の差婚」と題された記事には、次のような文言が記されていた。

経済的な安定が得られないからこそ、結婚に二の足を踏む若者たち。キーワードは「安心楽近」。多様な価値観こそがそれを後押しする。

未婚化のひとつの要因は、若年層の雇用や経済基盤の不安定さにある

ここで結婚に対して二の足を踏む理由として強調されていることは、経済的な安定感がない点だ。多くの女子が求める人は、精神的にも経済的にも自分を支えてくれる、年上の男性。この章を執筆中の現在、私は就職活動を目の前にしているが、自分より心にもお金にも余裕があって、

尊敬できる年上の男性に魅力を感じる女子心には、大きく頷けるところがある。

しかし自分より年上の男性と交際し、結婚をするならば、考えなければならないことがある。老後の生活だ。その人との愛のある夫婦生活に満足できたとしても、年齢の差があるならば、いずれは夫に先立たれ独り身になる未来が待っている。二度目・三度目の結婚も想定できる。平均寿命は上昇傾向にあり、内閣府「平成28年版 高齢社会白書」では、2060年には女性の平均寿命は90歳を超えると見込まれている。自分自身も退職し、夫にもすでに先立たれていて、さらにその頃には十分な額の年金がもらえるかどうかもわからない。そんな私たちに、幸せな老後ライフは待っているのか。そもそも、どうやって生計を立てるのか……。こんなことを考えていると、「長生きなんてしたくない!」とも思ってしまう。

ビジネスとしての妻「後妻業」

直木賞作家・黒川博行の小説に、高齢者の財産を狙った犯罪を題材にした作品、『後妻業』がある。2014年11月、その『後妻業』を彷彿とさせる事件が日本を震撼させた。大阪府や兵庫県で、青酸化合物で元夫を殺害したとして女性が逮捕された事件がそれである。容疑者は、初婚の夫と死別したのち、結婚相談所を通じて知り合った男性と再婚あるいは内縁関係を結んでは死別を繰り返し、そのたびに相手の男性に公正証書遺言を書かせた。容疑者が得た遺産は8億円に上ったといわれている。この事件はまた、夫に先立たれた妻の立場を利用して金を稼ぐ「後妻業」の存在が世間に認知されたケースでもあった。

この後妻業に関して、「日経WOMAN online」2015年1月の記事には、「財産のある男性を見つけ、お墓まで男性のケアを心身ともにして、亡くなった後に対価として財産をいただく。今まで日本の女性たちが普通にやってきた「生業《なりわい》」ですが、それを「職業選択」し、プロとしてやるのが「後妻業」です」と説明されている。男性よりも長く生きる女性の特権を利用したこの「ビジネス」は、女性の寿命が延びるにつれて増加しそうだ。かつては、夫を献身的に支えて主婦を全うし、夫を看取った後、その遺産で生計を立て、70歳代後半~80歳代まで不自由なく暮らしてこの世を去っていった「勝ち組」主婦。しかし私たち平成組が平均寿命90歳まで生きぬくためには、年金と夫の遺産だけでは老後の生計を立てることは厳しいだろう。そう考えると、後妻業は多くの女子の将来の身近なお仕事になりかねない。そんな未来がやってくるのだ。

2013年に、婚活イベントサービスを運営するIBJが未婚男女692人を対象に行ったアンケート調査では、恋人の条件として女性が男性に「経済力」を求める割合は16・2%。男性が女性に「経済力」を求める割合が0・3%であった。女性も当たり前に働く社会になってもなお、女性は男性に比べ圧倒的に「経済力」を重視していることがわかる。専業主婦願望の女子はもちろん、結婚後も働きたい女子も、自分の老後の資金を確保するためには自分よりも経済力のある男性を射止め、結婚したいのだろう。それが不可能、もしくは不成功に終われば、老後の再婚活や後妻業は、より身近な「ビジネス」になってくるのかもしれない。

2. 結婚以外の選択肢――フランスに学ぶパートナーシップ制度

私はなぜ、「結婚」がしたいのか?

正直なところ、この本に携わるまで考えたことがなかった。私の望む幸せな未来を築くためには、結婚が必要だと当たり前のように思っていた。「なぜ?」を掘り下げると、将来自分が家族を持つためには、結婚する必要があると考えるからだ。両親が結婚し、私が生まれ、家族となったように、私が結婚し、子どもを出産して、家族をつくる。私と同年代の女子たちも、漠然とこのように考えている子が多いのではないだろうか。

しかし、結婚の「契約」も、「結婚=家族をつくる」と、日本人が抱く概念そのものも、もはや時代遅れのようだ。日本では、カップルの関係が法律的に保証される制度は、婚姻しかないのが現状である。だが、結婚の選択をしなくても、パートナーと家族を築くことができるよう、カップルに法的保護をはかる制度を設ける国が近年、欧米諸国で続々と増えている。その代表的なものとして、フランスのパックス（ＰＡＣＳ／Pacte Civil de Solidarité）がある。

フランスで１９９９年から導入された民事連帯契約、通称「パックス」と呼ばれる制度は、相手の性別を問わず、つまり同性間であっても異性間であっても結ぶことのできる共同生活契約だ。二人で共同生活をする計画があれば、生活の仕方や財産についての取り決めを自分たちで行い、契約に盛り込むことができる。パックスの申請は裁判所で行われ、契約の解消は二人の合意、またはどちらか一方が望んでも可能である。つまり、日本でいう同棲と結婚の中間にあるような契約といえるだろう。

この制度があることで、婚姻という方法でなくとも、個々のカップルで取り決めた契約によって、社会的、法律的にパートナーとしての存在と権利が保障される。仏国立統計経済研究所の調べでは、２０１５年時点ではパックスの登録件数は18万８０００件を超え、制度が導入された１９９９年の６０００件弱と比較すると、16年間で約30倍に増加している。

フランスでは、パックスを日本でいうところの同棲期間のように考えてその後に結婚するカップルもいれば、結婚はせずにパックスを利用しながら子どもを産み、育てるカップルも多くいる。それに対して日本では、初婚年齢も同棲開始年齢も上昇傾向にある。その背景には、やはり日本では「結婚」と「家」とが結びつけられているため、結婚していないカップルの生活を保障し支える法律がないこと、そして結婚と同棲をほぼ等号で結ぶ世間の認識があるように思う。

　パックスの制度を日本に持ち込む意義について、獨協大学名誉教授の井上たか子は、「「日本型パックス」は日本を「おひとりさま」社会への方向から「おふたりさま」社会への方向へと転換させる可能性がある」と述べている。女性の社会進出に伴い、結婚のあり方に対する意識が多様化してきたとはいえ、実際（私を含めた）大半の女子たちには、まだ「結婚か独身か」の二択しか見えてない。決しておひとりさまでいたいわけではないし、いずれ結婚はしたい、子どもも欲しい。だけど、まずは仕事を頑張りたい、お金を貯めたい、自分の時間も欲しい、結婚は一生に一度のことだから慎重にしたい……。「結婚」の契約を取り交わす荷の重さと不安から、もしかしたら独身でいた方が気楽？と、非婚の道に流れる女子も増えてくる。

　そんな時、個人を尊重した柔軟なカップルのあり方が、社会的にも法律的にも認められ、保証してくれる「お試し結婚」的な選択肢があったら、おふたりさまへの道を選択しやすい。少子化が進む一因である晩婚化や未婚化を、「結婚」を促進することで改善しようというアプローチは、個人を尊重し多様化する今の時代にはもうそぐわないのかもしれない。フランスの成功にならい、結婚よりも手を出しやすいおふたりさまへの道を開き、カップルを保護する制度を作るようなアプローチの方が、カップルを増やし、さらには子どもを増やす近道となるのではないだろうか。

3.「できちゃった結婚」――婚外子について

結婚以外の形で、多様なカップルや家族のあり方を承認し保証するパートナーシップ制度が欧米で続々と採用されている。時代の流れを受けて、日本でも多様な家族の形を制度として認める未来はそう遠くないのではないかと思う。しかし、そもそもなぜ「結婚」の契約を結びたいのかという問いに戻れば、少なくとも私は、結婚の先にある子どもの出産を考えるからだ。

結婚していないカップルが妊娠や出産をきっかけにして結婚を決める、いわゆる「できちゃった結婚」は、婚姻関係にないカップルの子ども、つまり「婚外子」への社会からの差別的な視線と、戸籍制度の根強い日本の法律によって生まれた言葉および現象である。確かに、私自身も何の疑問もなく、結婚の次のステップ＝出産との認識を持っていて、その順番が逆であったり、出産しても非婚でいる女性の話を聞いたりすると、少しネガティブなイメージを抱いてしまっていた。

そんな状況下で2013年、明るいニュースがあった。それまで、民法900条第4号では、但書の部分で、嫡出でない子の相続分は嫡出子の相続分の2分の1とされていたが、2013年9月4日、最高裁判所大法廷がその部分を違憲とする判断を下したのだ。これに基づき同年12

月に民法が改正され、婚姻関係にないカップルの間に産まれた子、つまり嫡出子でない子も、相続においては嫡出子と同じ権利を持つことがようやく認められたのだ。婚外子差別撤廃の活動を続けてきた田中須美子は、市川房枝記念会の機関誌『女性展望』の中で、最高裁判所大法廷による この決定がもたらした喜びを、「婚外子相続差別規定と、それを根拠に成立してきた出生届けや戸籍の続柄などの婚外子差別法制度の廃止の扉が、大きく開かれた」、「非婚で子どもを産んだ女性に対し、生まれてくる子どもが可哀そうだ、結婚すべきだ、中絶すべきだとのバッシングが行われてきた。しかしこれからは、子どものためにと自らの思いを断念することはなく、非婚で生きるかどうかの選択肢を女性自身が決定できるその出発点に立った」と述べる。

最高裁大法廷が民法900条第4号の但書を違憲とした理由のひとつに、「家族という共同体の中における個人の尊重がより明確に認識されてきたことは明らかであるといえる」ことが挙げられている。個人がパートナーと共同で暮らし、子どもをもうけることの幸せは、婚姻によってのみ確立されるとは限らない。むしろ、好きな人と、お互いの意思を尊重しあって、幸せに子どもを産み育てられる環境さえきちんと整っていれば、できちゃった結婚、つまり子どものためのドタバタ結婚をする必要はない。また、「独身でいたいが子どもは欲しい」、「同性同士のカップルだが子どもが欲しい」というように、多様な家族を社会的に認め、制度からも応援することができれば、家族の「ふつう」がなくなり、偏見や差別は減るだろう。

そして多様な結婚を認め、婚外子への差別をなくすことの国レベルでの利益は、やはり出生率の上昇だ。たとえば、晩婚化が進むフランスやスウェーデンが、多様なカップルや家族のあり方を認める制度をつくったことによって、欧米諸国の中でも高い出生率を誇っているのは有名な話であり、両国とも婚外子の割合は50％を超えている。日本でも、２０１３年の民法９００条第４号における違憲判決は、結婚に対する国民の意識の多様化を法律上からも認め、結婚に対する国民の意識の多様化へ踏み出すものになるのではないだろうか。

［引用・参考文献］

『女性展望』市川房枝記念会、２０１３年年11・12月号

日経ウーマンオンライン「【新・なでしこ養成講座】プロ彼女から後妻業まで…「普通の女の幸せ」がプロフェッショナル化した理由ー「男性依存型女業」を全うするための高いハードル」http://wol.nikkeibp.co.jp/article/column/20150116/198501/?P=3&ST=life&n_cid=nbpwol_else

日経ウーマンオンライン「【トレンド（ライフ）】恋人に求める最優先条件は？」http://wol.nikkeibp.co.jp/article/trend/20131007/163401/

AERA dot.ドット「関西連続「後妻業」事件　千佐子容疑者が書かせた遺言公正証書〈週刊朝日〉」http://dot.asahi.com/news/incident/2014120300080.html?relLink=INSEE & Ministère la Justice et des Libertiès org3L〈Institut National de la Statistique et des Études Économiques « Évolution du nombre de mariages et de pacs conclus jusqu'en 2014 » http://www.insee.fr/fr/themes/tableau.asp?ref_id=NATTEF02327〉

第一生命経済研究所「結婚と出産の国際比較―5カ国調査からみる日本の少子化の特徴」http://group.dai-ichi-life.co.jp/dlri/ldi/note/notes1110a.pdf

井上たか子『フランス女性はなぜ結婚しないで子供を産むのか』勁草書房、２０１２年

内閣府ホームページ「平成28年版　高齢社会白書」

杉浦郁子『パートナーシップ・生活と制度――結婚、事実婚、同性婚』緑風出版、２００７年

法務省「民法の一部が改正されました」http://www.moj.go.jp/MINJI/minji07_00143.html

007

恋愛下手が増えている？

――「結婚できない」をめぐって

岡部帆乃香

結婚年齢が高くなる晩婚化、あるいは結婚をせずに人生を送る未婚化が指摘される現代の日本。けれどもそれは、必ずしも「結婚しない」ことを自発的に選んでのこととは言えないかもしれない。この章では、「結婚できない」人々の理由を整理しながら、恋愛や結婚に向けて持つべき方針を、少しカジュアルに考えていく。筆者の体験からくる実感を交えながら、恋愛や結婚をめぐる等身大の声に基づいた処方箋を探ってみよう。

1. 揺れ動く現代の恋愛観・結婚観

尽きない恋愛の悩み

女子校歴7年。中学時代に男子嫌いをこじらせて女子校に進み、今は友人たちの恋愛話を聞く日々。これが私の「女としての」経歴である。女子校というものが持つイメージのせいか、大学3年生の秋に企業のインターンシップに参加した際、同い年の男子に「お嬢様」と言われたことがある。しかし実際、そんなことはない。私は普通の女子だし、女子校に通う友人も大半は普通の女子たちである。ジャニーズ好きの子はアイドルのファイルを机の中に入れていたり、部活をやっている子はスパルタ先生にしごかれていたりと、いたって普通の学生生活がそこにはある。ただ一点、共学校と異なる点といえば、男子という異文化に触れる機会がないということだ。そのぶん、恋愛絡みの諍いもほとんどなく、「みんな違ってみんな良い」という心境が生まれる。「女だから」を理由に発言を控えたり、体育で汗まみれになるのをためらったりすることがない。思いのままに過ごしていた。

女子高を卒業して女子大に入ると、恋愛の話を耳にすることが増えた。ここで私は、自分が女

007

恋愛下手が増えている?――「結婚できない」をめぐって

子校に進学した理由を考えてみた。私が男子嫌いになった原因は、いじめだった。けれど、あれが世界のすべてではない、むしろ「男性」という異文化に触れて新しい考えを持つことだってある。そんなことも知るようになって、今まで人嫌いも兼ね備えていた私は、人が大好きになったのだ。そして現在は、友人たちの恋愛の相談をちょくちょく聞いている日々である。

「年上の彼が子ども扱いしてくる」、「彼が新しい女性とつきあいたがっている」、「今の彼と結婚して良いかわからない」、「そもそも出会いがない」等々、友人たちの悩みは尽きない。そんな友人たちの話を聞いていて考えるのは、人生設計から恋愛まで、そして恋愛から結婚までと、いずれの段階であってもそれぞれに心の持ちようを考えることが必要だと思える。

あなたは、白馬の王子様が迎えに来てくれることを望む少女なのか、今まで仕事一筋だった少年なのか、または異性と関わることに億劫になってしまった人なのか、まさに男女間の荒波にもまれている人なのか。

しかし今、社会情勢やジェンダー観の変化によって、この過程が激しく揺れ動いている。この章では、恋愛観や結婚観の変化、今の若者の男女観について分析しようと思う。現代の恋愛や結婚を語る上で、どうしても俗っぽくなってしまうのは許してほしい。恋愛ほど感情をどろどろに曝け出すものはない。恋愛は自分の正体を知り、むき出しの心と心を通わせることに喜びがあるのだと思う。また男女というデリケートな話題を扱うにあたって、この先の文章や表現が気に障ってしまう方もいるかもしれない。それでも時に考えながら、時に楽しみながら読んでもらえれば嬉しい。

結婚の現在――未婚化・晩婚化

まずは、現在の結婚について整理してみよう。総務省の国勢調査によれば、2015年時点で25歳から29歳の女性の未婚率は61・3%に上っている。つまり5人に3人は結婚していない計算になる。一方、同じ年層の男性はというとこれまた72・7%と、10人に7人が結婚していない。それに伴い、平均の婚姻年齢も上昇している。

若者の未婚化について社会学者の山田昌弘は、恋愛結婚の普及により「恋愛」と「結婚」を分けて考える層が増えていることを背景のひとつに挙げている。1991年の時点では「恋愛は結婚に結びつくのが普通だ」と答える学生が45%いたのに対し、1997年になると、「恋愛は結婚に結びつかなくてもよい」と考える学生が70%以上になっている(山田昌弘『迷走する家族』2005年)。自由恋愛が進むことによって、結婚を望むか望まないかという選択肢が生まれた。

また、山田は従来の結婚観が崩れていることについて、現代家族の目標の喪失を挙げている。戦前の家族は家業＝「イエ」を中心にして社会や個人の価値観が形作られ、家業を共同で行うことにより、家族の安定が得られることも多かった(もっとも、現在よりも平均寿命は短く、また子どもの生存率の低さとも関連して離婚率も高かったが)。第二次大戦後になり、日本が高度経済成長期を迎えると、「マイホーム・収入UP・子どもの学歴」が幸せの指針になる。その目標のためには、「男は外で仕事、女は家で家事」という役割分担が、最も効率の良い生き方だったのだ。

ところが経済成長という「力」が弱まっている今、この論理が崩れている。現在、日本の家族は分岐点に立たされていると言ってもよいだろう。恋愛や結婚に対する価値観の変化に社会制度が追いついていないことも複雑に絡まり、未婚化・晩婚化・少子化につながっているのだと思う。

2.「結婚できない」への処方箋

男性と女性の「結婚できない」理由

さて、ここまでは「男女が結婚できない理由」を統計や社会変化の視点から見てきた。次は、実際に今を生きる男女の「声」を聴いてみよう。ジャーナリストの白河桃子は、「結婚できない理由」を、男女の「声」をもとにして以下のようにまとめている。

《彼と彼女が結婚できない理由》

女子の場合

1　周りにいい男がいない！

2　いいと思った人にはもう相手がいる！

3　恋人はいるが、結婚に踏み切れない！

男子の場合

1　ムリ目の女性にばかり声をかけ、断られてしまう！

2　声がかけられない！

3　恋人はいるが、結婚に踏み切れない！

（山田昌弘・白河桃子『「婚活」時代』２００８年）

男女とも、1と2のケースはまず恋愛にたどり着いておらず、3は結婚するか否かで迷っている状態といえる。では、女子のケースから治療法を考えてみよう。

1の「周りにいい人がいない」という悩みには、「職場環境に男子がいない」のか、「条件の合う男子がいないか」のどちらなのかによって対処法が変わってくる。前者の場合、「無いなら求めよ」の精神で、婚活サイトの活用や社会人が集まる趣味サークルへの入会などをお勧めする。このとき、「え、婚活! しかもネットでなんて!」と思う人もいるかもしれない。しかし、私は婚活することに罪悪感を覚える必要はないように思う。出会いは求めればもたらされるもの。恋愛は悩むこともある反面、人生を豊かにするものだ。周りにいる異性も大切にした上で、それでもさまざまな人と会ってみたいと思うなら、必要なものは勇気だけだろう。人と交わるために一歩を踏み出すあなたは素敵だ。傷つき、すれ違い、それでも諦めないあなたは魅力的だろう。

後者の「条件の合う男子がいない」場合は、「もったいない」。あなたが恋愛において重視するのはビジュアルだろうか? 年収だろうか? 性格だろうか? 異性を見かけのみで判断することは、愚かなことだろう。モデルのような「美しい」顔の人たちはごく少数派である。その少数に自分が属していないと考えるのは杞憂であるし、逆に好きになるかもしれない相手を「でも顔が好きじゃない」と思うのはとても傲慢な考え方だ。結婚条件に年収を入れることもまた、結果的に自分を苦しめるだろう。厚生労働省の統計によれば、年収500万以上の25~29歳の男性はわずか0・4%しかいない(『平成24年賃金構造基本統計調査』)。つまり、結婚する条件に具体的な年収を入れようとすれば、その額が高ければ高いほど視野を狭めることになるのだ。

次に、女性側の理由のふたつ目「いいと思った人にはもう相手がいる!」に関しては、非常に言いにくいことではあるが、「諦めた方が良い」。

恋愛は楽しい。届かない恋愛の妄想ならなおのこと。だが妄想すればするほど、悲しくなるものである。たとえ不倫の関係に持ち込んだとしても、幸せになるとは思えない。それよりも、あなたの周りに素敵な人はいないだろうか。あなたの時間を無駄にしないために、その人だけに注目するのではなく周りの人に目を向けてみてほしい。

男性の方の理由のふたつ目「声をかけられない」に対してのアドバイスは、「自信を持って」。声を出して話しかけることからすべては始まる。一度二度会って話しただけでいきなり見切りをつけたり、会話が冷めてしまう女性ならば、それは相手方に堪え性がなかっただけだ。もちろん、あなたが心から相手との会話を「楽しもう」とすることも大切である。日常の愚痴は控える、一方的に話しすぎない・聞きすぎないなどの心掛けも不可欠である。あなたがどんな学歴だろうが、恥ずかしい過去があろうが、あなたの価値は今あなたがその人と出会った瞬間、相手の目を見て何を話したかによって決まる。会社内の業務であれ趣味であれ、コツコツとやってきたことは必ず自分を輝かす一部になる。自分を過小評価しないでほしい。

結婚するかしないかで迷ったら

次は、結婚できない理由のうち、男女それぞれの三つ目の項目「恋人はいるが、結婚に踏み切れない!」について考えてみよう。相手がいても、結婚に踏み切れないケースは、実は多いのではないかと思う。私の友人AとBの悩みを例に挙げよう。Aは私の同級生で、付き合って1年になる彼氏がいる。デート場所は主に公園だそうだ。週に1~2回連絡を取り合い、会話は続いているという。「結婚は考えているの?」と聞くと、「(私は考えているけど、)相手は違うみたい」という。

一方、友人Bには付き合って2年になる同い年の彼氏がいる。同じサークルで知り合い、付き合った当初から同じアパートの一室で同棲しているそうだ。今、二人は別れるか別れないかの瀬戸際に立たされているという。Bが言うには、彼氏が就活にあたって進路を一人で考えたいという理由で別居を申し出ているとのこと。アパートの一室だとプライバシーが保ちにくいし、2年間も暮らしてやっていけたなら、今は離れて考えることも必要かもしれない。

しかし、その彼氏はこうも言っているという。「Bさんは初めて付き合った女性だから、一回別れて他の女性とも付き合ってみたい」と。うーん……これは、誠実味に欠ける。ここで、「男の性じゃないか?」と一瞬でも思った方へ! 別れる際のことばにも「飽きた」と「魅力的に感じなくなった」のニュアンスの違いを感じてほしい。恋愛は異性と付き合う回数を競うゲームではない。

上記の話はすべて彼女目線のため、彼氏側の視点からも話を聞いてみたいところだが、相手がいる場合でもケースはさまざまあり、そのまま素直に結婚へとはいかないようである。

けれども、「結婚」という言葉は、実はそれほど重く考える必要はないのではないか。本来、証明書を一枚役所に出せば「二人は結婚している」という〝状態〟になる。実際に問題となるのは、むしろその先の生活だろう。「子どもが生まれたら」、「相手が海外赴任になったら」、「家はどうするのか」などと、課題はたくさんある。

しかし、まだ見ぬ未来に、あまり不安になりすぎないことが大事だ。結婚にはさまざまな種類がある。いわゆる事実婚や別居婚もひとつの形だろう。二人のオリジナルのあり方を持ち、互いの「パートナー」として歩めるのはすばらしいことだろう。

ちなみに私は男女間の友情は成り立つと考えている。というのは、性の対象としては見られなくても、「人」を尊重することはできると思うからだ。極論を言えば、前向きな結婚ができれば、前向きな離婚もできるだろう。互いの人生に誠実に向き合えるかどうかに、その人の真価は現れると思う。

専業主婦のリスク

近年では女性の社会進出が進み、女性でも総合職などに就いて夫婦共働きの家庭も増え、政府も企業の女性管理職を増やそうとしている。だけれど、「今って逆に、専業主婦を望む女の子が多くなってるんじゃない?」と疑問を持った人もいるだろう。統計的には、それは事実である。2012年度の調査(内閣府「男女共同参画社会に関する世論調査」)によれば、「夫は外で働き、妻は家庭を守るべきである」という考え方に「賛成」と答えた20代女性は43・7%。これは子育て現役世代の30~40代の41・6%、50代の40・8%という数字を超える多さである(表1)。

同様の傾向が如実に現れていることは、白河桃子『専業主婦になりたい女たち』でも指摘されている。

専業主婦の魅力とは何かと問えば、「働かなくていい」、「子育てに専念したいから」、「子育てはやっぱり母の手でしてほしい」という答えが想定できそうだ。しかし、私はそれらの考えは時代に即したものではないと思っている。理由は主に三つある。

ひとつ目は、生活レベルを自ら下げることになるから。これは率直に、世帯収入が下がるという意味である。子どもの養育費や老後の蓄えのことを考えれば、お金はあればあるほど困らない。一人が働かないことで、生涯で1億円の損失があるとされる。これはあなた自身にとっても社会にとっても、不利益なことである。

ふたつ目は、育児不安になる可能性が減るから。柏木惠子『おとなが育つ条件』では、フルタイムで働く母親と無職の母親との、育児への満足度が比較されている(表2)。

フルタイムで働く女性と比べて、専業主婦は「いらいらすることが多い」、「親として不適格で

表1　「夫は外で働き、妻は家庭を守るべきである」という考え方について

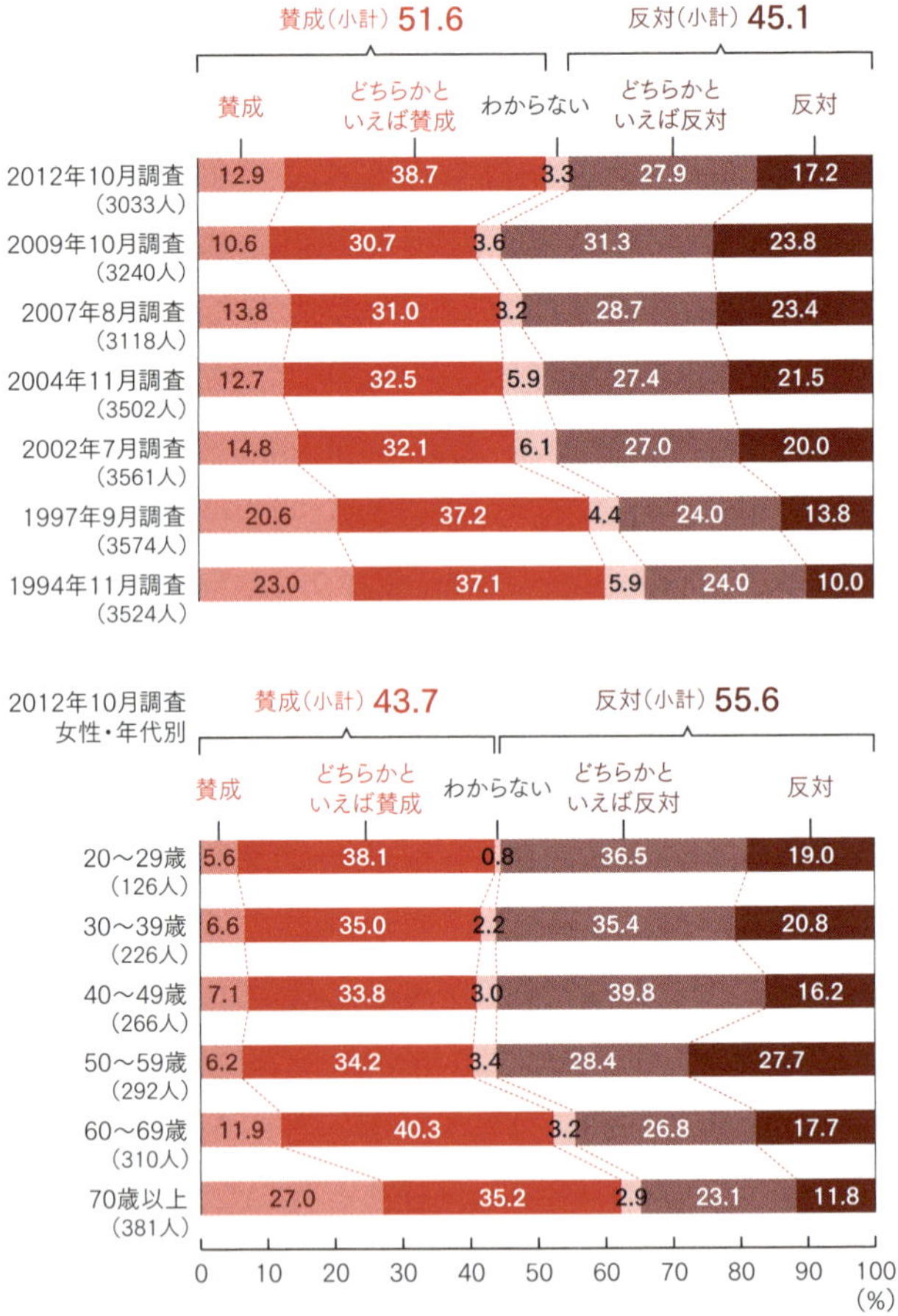

内閣府「平成24年度　男女共同参画社会に関する世論調査」より

表2　子ども・育児への感情の比較

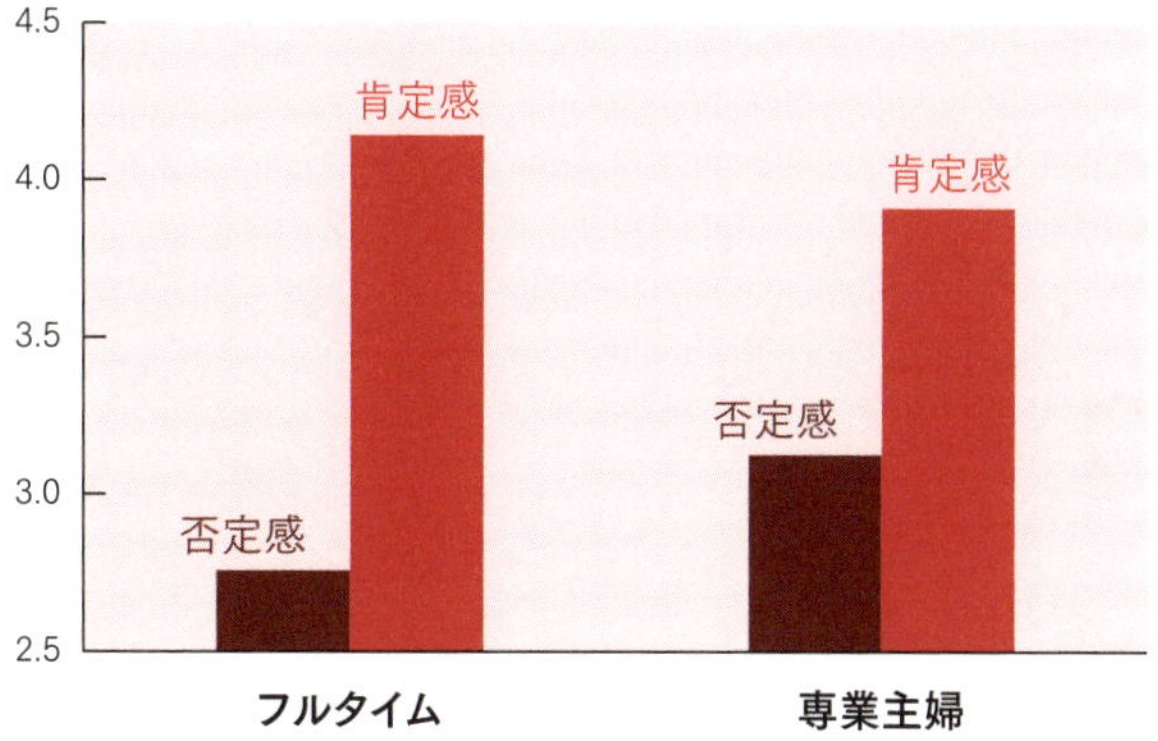

柏木惠子『おとなが育つ条件』(2013年)より

はないかと感じる」など、自身の育児に対して否定感を持つ割合が高くなっている。柏木はこの原因について、母親が仕事を辞めたことで社会から疎外されているように感じてしまうということをあげている。社会的立場を失うことでアイデンティティが不安定になってしまった母親が、ネガティブな思考に陥っていくことがうかがえる。子育てに専念したいという「こどものため」を考えた専業主婦という選択が逆にあなたを苦しめてしまう。

三つ目は、配偶者と死別・離婚をしたときに生活基盤が失われ、生活苦になる確率が上がるからだ。「でもあの人年収高いし、私が働かなくてもいいじゃん……」と迷っている女性陣、まずは命の心配をしてほしい。人は事故や病気で時にあっけなく死んでしまうものだと思う。もしも夫に先立たれ、頼れる身内もいないとなると貧困に苦しむ危険が出てくる。特に日本の一人親世帯は厳しい状態に立たされる。厚生労働省（平成28年度「全国ひとり親世帯等調査」）によれば、２０１７年の母子世帯の平均年間収入は２４３万円、母自身の平均年間就労収入は２００万円である。

死別であろうと離婚であろうと、生活が苦しい状態になることは間違いない。少なくとも優雅な生活を望むのは難しいだろう。

もしあなたが正社員の地位にあるのならば、なおさら辞めない方が良い。後述するが、私の母親は一度、寿退社をしてから正社員として復帰するのに10年かかった。父が無事に会社に通えていたから、今の私がある。もしも父が私の幼い頃に、何らかの理由で働けなくなっていたとしたら、家族全員は大変な思いをしていただろう。考えたくない未来ではあるが、考えておかねばならないことである。自立はしたままで、家族を持ってほしい。バブル期のような社会成長が望めない現代日本、避けられるリスクは事前に避けるべきである。

「えー、それじゃあ男としてのプライドはどうなんの？」と言う男性陣へ！　率直に言おう。年収だけであなたの価値は定まらない。お金は貯めることではなく、使うことに意味がある。あなたの貯金は０円だろうか？　それとも「老後」のために蓄えている？　趣味を楽しむために使っている？　ちなみに年収が低いからという理由だけで冷遇してくる女性がいないわけではないが、その人は狭量な人格である可能性があることを覚えていてほしい。あなた自身が誇りを持ち、がんばっている姿は誰にとっても魅力的!

成長からの逃避──大人になりきれない少年少女

これまでの話とは真逆に、結婚に向かわないケースもしばしば見られる。

まず、男と女になる前に、大人になりきれない「少年少女」が増えていると思う。これはどの世代にも存在し、「異性と話すことを楽しめない」「現実の恋愛を楽しむ気になれない」という考えの人たちのことだ。

私が大学3年生の冬に、町田のカフェで勉強していたときの出来事である。ちょうど隣に座っていた同い年ぐらいの女性三人が、息をつく暇もなくおしゃべりをしていた。内容を聞いていると、おなじみの少年漫画雑誌『ジャンプ』作品の『聖闘士星矢』、『ハイキュー!!』のBLについて熱く語っていた。BLとはボーイズラブの略称である。近年、漫画内の男性キャラクター同士が「恋愛している」と仮定して、さまざまなストーリーを考えるのを楽しむ人たちがいる。俗に腐女子と呼ばれ、Twitterやコミックマーケットでの交流を楽しんでいる。同じように、恋愛シミュレーションゲーム(通称「乙女ゲーム」)を通じて空想を楽しむ人たちも増えているように思える。「男性」そのものに興味を失っている訳ではないと思うが……。

次に、男性の例を見てみよう。とある縁で27歳の男性と食事に行ったときの出来事である。その男性は国立のT大法学部を卒業し、IT企業に勤めている人だった。食事中、その人からの相づちはほとんどなく、こちらから一方的に話しかけるという展開になった。向こうからの話題といえば、漫画の話。けれど私が知らない作品ばかりで、話がわからない状態が続いた。相手の口数は終始少なめだったのだが、帰宅後のLINEでは頻繁にとめどなく話しかけてきて、会話に終わりが見えない……。これがいわゆる「オタク」か!! なぜ目の前にいるときに話しかけてこないのだろう。「女性」そのものに興味を失っている訳ではないだろうが……。

インターネット、SNSの普及の弊害といえば、対面的なコミュニケーションの機会が少なくなったことだろう。時間や場所の制約を受けずにコミュニケーションができることで、人と声を出して関わる必要がなくなった。先述の柏木惠子『おとなが育つ条件』では、「いろいろな可能性や選択肢を、何とかなると課題を放棄してしまう青年、親や教師などの価値観を鵜呑みにして「平穏」に過ごす青年、選択できず自信喪失や自己嫌悪、無気力に陥る拡散型など、アイデンティティ形成不全の青年が近年増加している」ことが述べられている。柏木はこの原因について、「どう生きるかという問いにじっくり向き合う心と時間の余裕がないため」としているが、それ以前にともに向き合うべき存在である、身近な親やオトナとの会話の機会が減少しているのではないだろうか。

そもそも日本の教育現場はプレゼンテーションの機会が少なく、口下手な子はそのままに成長が止まってしまうといわれる。経験の少なさが自分の意見を他人に伝える行為そのものに苦手意識を持たせてしまうのだ。その結果、人との交流に不安を覚え、バーチャルな世界に逃げ込み、自分自身に自信が持てなくなる。柏木惠子『子どもが育つ条件』では、日本の子どもは海外諸国と比べて自信を持ちにくいという統計が出ている。

この原因には日本特有の「恥の文化」や、日本の教育の特徴などさまざまな要因が考えられる。大人は「言わなければ伝わらないこと」、「ひとりひとりの意見にはちゃんと価値があること」、「浅はかな意見を言ってしまい恥ずかしい思いをしても、それが自分の成長につながること」を子どもたちに伝え続けることが肝要だ。これは、恋愛・結婚を考えるよりも重要な、大人としての前提条件である。そのことを踏まえた上で、独立した一人として恋愛や結婚に挑めば、何も怖いものなどない。恋愛に生傷はつきものだが、どんな失恋も自分のさらなる成長につながるだろう。そこに幸せを見出してほしい。当たって砕けても、再構築すればいい。

ところで、町田のカフェでの出来事には続きがある。私が訪れて2時間ほど後に、BLの話をしていた女性たちは帰っていった。数十分後、今度はヒョウ柄のベストにエナメルの黒ジャンパー、腰にはチェーンといった、服装がとても派手な男性たち三人が同じ席に座った。(そして、顔を見たらあろうことか私の小学校時代の同級生であった)。そのうちの一人が座って開口一番、「あいつは金もあるし、女もいる。悔しいから負けてらんねぇ……!」

……その意気込みはとても立派、まずは服を買いにいこう。大人は身だしなみにも気を使うものだ。

子どもって良いよ！

「私、結婚して子どもを産んだ後でも働き続けたいんですよね」
「子どもを産んだ後も働くってのはいいですね。でも、保育所で育った子どもが懐かないっていうケースも知ってます、だから……」

以前、婚活で知り合った広島出身の23歳の男性との会話である。その男性は海外の化学工場の建設に携わり、海外赴任の可能性もあるという。なるほど、自分は仕事に専念したいからあくまで私メインの子育てで、ってことかな？

やっぱり「子どもは母の手で」という考え方は、日本ではかなり根深く残っているようだ。もったいない。もしもあなたが男性で、「面倒くさいから子育てをしたくないなぁ」って思うなら、ぜひしたくなってほしい。それは、「手伝ってほしいから」ではなく、「子育て」は人生に二度とないすばらしい機会だからだ。加えて思春期になって「パパが嫌い」と言われる可能性も低くなる。毎日20時すぎに帰り、洗濯をしたり食事を作ったりしようとしない父親の姿を子ども、特に女の子が尊敬することは稀であると思う。

私の父も、私が幼い頃は営業職についており、毎晩遅くまで働いていた。遊んでもらった記憶はとても少ない。母は短大を卒業し1年間父と同じ会社で働いた後、姉を妊娠して退社している。だが私が小学4年生の頃からパートタイムで働きだし、私が大学生になる頃に正社員に昇格した。私が大学生2年生の頃、管理職になった父は帰宅時間が早くなり、一緒に食事をすることが多くなった。しかし父は食事作りには参加せず、さらにはその段階になって食事作法など細かく指摘するようになった。遅い。遅すぎる。父と喧嘩した夜に、「今日はお母さんが遅いから、皿を洗え」と荒げた声で言われても、反発心しか湧かなかった。作法についてはすでに母からしつけられているし、何よりも父が台所に立った姿を見たことがなかったから。それに感情を振り回す大人は、親であろうと尊敬できない。「お菓子を買って!」と泣き出す子どもと変わらないと思う。

父が若い頃はまだ「子育ては母の手で」が一般的な考え方で、それゆえ早く帰宅することを社会が許さなかっただろう。それでも父は「私」という「血の繋がった人間」と触れ合う大半の時間を失っていたのだ。

父とは何回か喧嘩を繰り返したのち、現在は穏やかな関係を築いている。ところで、今までの人類の歴史の中で、「子どもを持つ意味」を定義したことはあったのだろうか、という疑問が浮かんだ。私が思う「子どもを持つ意味」とは、死んだ後も自分の生き様や考えが受け継がれることだと思う。生まれてくる子どもは、自分とは違う人間である。子どもは自分の夢を託す存在ではないが、それでも自分たちの生き方を参考にして、自分たちの世代よりもっと幸せになるために歩んでいってくれる。少なくともそうやって明るい未来を祈ることができるのだ。

3. 今思い描いていることが、これからのあなたをつくる

さて、今までは「できない」理由をとことん追求してきた。男女関係にネガティブになりやすいこの時代、どうしたらポジティブに生きられるだろうか。最後に、私なりにそれをまとめてみたい。

夢を持つこと

どんな仕事をしたいか、どんな家族を作りたいのか。同棲したいのか、あるいは別居でお互い仕事をがんばりたいか。

できれば、これらを若いうちから明確にしておくことである。そうすることで、自分が人生で何を一番重視しているのかが見えてくるだろう。また、途中で新しい目標が出来たなら、そのつ

ど柔軟に相手に考えを話すことが幸せへの近道だ。そこでは、「とことん」話すことが肝となる。心の底まで包み隠さず話さなければ、楽にはならないだろう。あなたの名前は「女」ではない。「妻」でもない。「男」でもないし、「夫」という名前でもないだろう。あなただけの望みのままに、邁進してゆけばいい。

自立すること

ここでいう自立の意味は、社会人としてお金を稼ぐことだけではなく、自分の周りのことはなんでもやる、ということだ。日々のご飯づくりや洗濯、掃除など、自分を支えるものはなんでもやるという精神だ。

この本の読者には、企業に勤めている人も多いと思う。特にもしもあなたが企業内でグループを束ねる存在ならば、会社内で「社員全員が早く家に帰ること」を推奨してほしい。前掲の『専業主婦になりたい女たち』の中で白河桃子が述べるのは、〝育児制度はあっても「風土はない」〟ということである。家に早く帰ることは社会がその「風土」を作っていくために、最初にできることである。

あなたと、あなたの家庭の円満が、社会のために繋がるのだ。「あの人だけ、育児制度で早く帰ってずるい」、「この忙しいときに一人だけ抜けおって」と言うならば、あなたも早く帰れば良い。その仕事は今日のうちに終わらせなければいけないことだろうか。家族を大切にする行為は、けっして個人主義などと呼ばない。

結婚は一度じゃなくてもいい

「結婚」を解消するには、「離婚」という手続きが必要である。離婚した人は時に、「バツイチ」、「バツ二」などと呼ばれ、ネガティブなイメージがつきまとっているように思えるが、前向きな選択ならば、責めを負う必要はないし、相手のせいにする必要もない。同じように、恋愛だって何度失敗したっていい。失敗しないよりは、失敗した方がいいのである。

さて、「私は一生独身でいい」と考えている方へ。確かに「一人」は自由であり、自分だけで人生が設計できるという点、結婚が当たり前とされていた時代では考えられなかったことであろう。しかし、想像してみてほしい。もし将来老いたときにあなたがシングルだったとして、道ばたで夫婦二人が幸せに手を握って歩く姿を見て、羨まずに生きていけるだろうか。もし羨んで嫉妬してしまい、心の底から笑えなくなってしまうのならば、今からでも遅くない。パートナーを探すべきである。婚姻届は出さなくとも、素をさらけ出せる相手は生涯に必要だ。恋愛を知らぬまま聖人君子にはなれない。結婚に失敗しても、人生への教訓は残る。人間万事塞翁が馬。

すべての男女が、己の満足した人生を送れることを願って。

007
恋愛下手が増えている?——「結婚できない」をめぐって

［引用・参考文献］

山田昌弘『迷走する家族——戦後家族モデルの形成と解体』有斐閣、2005年

白河桃子『専業主婦になりたい女たち』ポプラ新書、2014年

山田昌弘・白河桃子『「婚活」時代』ディスカヴァー携書、2008年

柏木惠子『おとなが育つ条件——発達心理学から考える』岩波新書、2013年

柏木惠子『子どもが育つ条件——家族心理学から考える』岩波新書、2008年

林真理子『野心のすすめ』講談社現代新書、2013年

厚生労働省『平成23年度　全国母子世帯等調査結果報告』http://www.mhlw.go.jp/seisakunitsuite/bunya/kodomo/kodomo_kosodate/boshi-katei/boshi-setai_h23/

厚生労働省『平成24年度　賃金構造基本統計調査』http://www.mhlw.go.jp/toukei/itiran/roudou/chingin/kouzou/z2012/

厚生労働省『平成28年度　全国ひとり親世帯等調査』http://www.mhlw.go.jp/file/04-Houdouhappyou-11923000-Kodomokateikyoku-Kateifukishika/0000190325.pdf *discussion_1*

［討議 その1］

同性婚はいいのに近親婚がだめなのはなぜ？

出席者　黒田美樹、齋藤夏乃、高室杏子
司　会　萱野稔人

多様性が肯定されていく時代の流れにあって、同性婚が法的に認められる国も増え、同性愛や同性婚は多くの人々にとって身近なトピックになっている。では、一夫多妻／一妻多夫制や近親婚など、結婚の形態をさらに広く想定してみたとき、私たちはそうした「多様性」をどのように受け止めるだろうか。その問いから浮かび上がるのは、私たちが結婚に対して無意識に託している、「当たり前」の枠組みである。

同性婚はＯＫ？　では一夫多妻は？

萱野　ここでは「結婚」の多様性について考えたいと思います。近年、同性婚が法律で認められるケースがよく話題になりますよね。オランダでは２００１年に同性結婚法が施行、ベルギーでは２００３年に法律が施行されました。それに続くように、同性婚を認める国や地域が増えています。アメリカでも全州で同性婚が合法になりました。

日本では渋谷区や世田谷区などで、同性のパートナーシップを認める条例が施行されています。フランスにはカップルに婚姻とほぼ同等の権利を認める民事連帯契約（ＰＡＣＳ）がありますが、日本のパートナーシップ条例もそれに近いものです。婚姻に近い権利があるというのは、さまざまな場で大きな意味があります。一緒に暮らしていても、結婚していないと相手が危篤状態になったり手術したりした時に、面会できないことがあります。あるいは、一緒に暮らしていた相手が亡くなった時に、亡くなった人の名義で賃貸契約をしていたりすると、残された側が保護されなかったりする。結婚していないことで生じる不利益の解消も、同性婚の重要なポイントです。

こうしたこともあり、同性婚を法的に認めることが世界的な潮流になってきていますね。皆さんはどうでしょう、日本でも認めた方がいいと思いますか？

全員　そう思います。

萱野　同性婚を認めた方がいいと思う、一番の理由ってなんでしょう？

齋藤　結婚って、愛し合う人同士が一緒になるためのものだから、同性同士だからといって禁止する理由にはならないんじゃないかな。

高室　双方の同意さえあって、特に誰かに迷惑をかけていないのなら認められるべきだと思う。むしろ、どうして認められないのかって問われたら答えられないですね。

黒田　危篤の時に会えなかったりという不利益はなくすべきだと思います。

萱野　お互いが同意していて、誰にも迷惑をかけてないとしたら同性同士の結婚に問題はないだろうということですね。多様性を促進することにもなるし、権利上の不平等をなくすことにもなる。同性婚についてはみんな肯定的ですね。

ではここまで確認したところで次の問いです。2015年、アメリカのモンタナ州で男性一人・女性二人の組み合わせの三人が、「同性婚を認めるのならば、一夫多妻も認めるべき」と訴えを起こしました。つまり、三人で夫婦として暮らしたいので、法的に認めてほしいという訴えです。タイミングとしては、全米で同性婚が合憲という判決が出て、間もないくらいの時期です。みんなはこの訴えについて、どう思いますか？

齋藤　同性婚を認めるのは、同性愛者が異性愛者よりも社会的な不利益があるのはおかしいっていう理由が大きいですよね。このケースでは不利益があるのかな？　ないなら認める必要もあまりない気がします。

萱野　正式に三人での婚姻関係が認められないことが、すごく精神的に苦痛だということなら不利益は認められますよね。先ほど言ったような、このうちの誰かに何かあった際に他の人たちの権利が守られるかどうかということもあります。

つまり、同性婚を認めてもいいと判断した時と同じ理由は、全部当てはまるわけですよ。本人たちの同意がある、誰にも迷惑をかけてない。そして、結婚が認められれば本人たちの社会的な不利益を解消できる。

高室　誰にも迷惑をかけてないかどうかでいえば、この人たちに子どもがいた場合はどうなんですか？　あの人もママ、この人もママってことになりませんか？　子どもが生まれたりすると、その扱いがどうなるのか混沌とするような。

萱野　けれど、この人もあの人もママ、という状態であれば同性婚で養子をもらったりした場合でも起きますよね。逆の組み合わせ、つまり一妻多夫で考えてもいいですが、この例は認めたくない？

齋藤　一夫多妻って、男性的な権力が強いイメージがあります。一妻多夫にしても、どちらかが別のどちらかに従わなければならない点では一緒じゃないですか。

萱野　でもこのモンタナ州のケースは主従のような関係ではなく、三人でうまくやっている様子です。このケースに限りませんが、必ずしもどちらかが支配するという場合ばかりではないかもしれない。

高室　彼らがなぜそんなに結婚したがってる

のか、結婚の何にメリットを感じているのかが、どうしてもつかめないんですよね。

萱野　それは同性婚の場合と同じなんじゃないかな？　法的に認められたい、二人でひとつの家族でありたいと思った時に、女性の一方だけ婚姻が認められて、他方が認められないというのは不利益とは思いませんか？

同性婚が認められる「本当の理由」は？

齋藤　たとえば、同性カップルのことを初めて聞いた時に、幼心にどういうことなんだろうって思った記憶があります。でも、今はいろんな話を知って、同性愛について具体的にイメージできるようになった。ただ、一夫多妻はまだイメージができない。

黒田　同性婚の時の理由を考えれば認めるのが筋道なのかもしれないけど……。こう言ったら元も子もないけど、感覚的にやっぱり抵抗があるというか。

高室　重婚の例では、妻が何人もいる男性と、そうじゃない男性とが出てくるんじゃないかな？　奥さんがたくさんいることがステータスみたいに考える人が出てくると、男女平等の価値観が揺らがないかなって。

萱野　では、逆の一妻多夫も認めたとしたらどうですか？

高室　うーん。やっぱり、実際に何が起きるのか想像できなくて。

萱野　本人たちが同意していて他者に迷惑をかけてなければ同性婚は認められるべき、という考えについて、みんなは肯定的でした。

けれども、同じ条件だったとしても一夫多妻や一妻多夫には抵抗があるようです。だとしたら、同性婚に賛成する理由って、本当は別のところにあるのかもしれないですよね。

齋藤 同性愛者って、けっこう高い割合で存在しているはずですよね。認めてほしいという要望が多くて合法化も実現しただろうから、一夫多妻や一妻多夫も多く要望がないと法律にならないのが現実なのかな。

萱野 不利益を被っている人の数の問題だとしたら、たとえばある程度多くの人が抱えている障害と、すごく人数的に少ない障害がある場合、片方に対しては福祉政策などが不平等でもいいという考え方も認められてしまいます。

高室 確かに、それだとマイノリティはいつまでもマイノリティとして不都合な状態のままになってしまいますね。でも、あまりにもなんでも認めると、混乱を招きませんか？

萱野 だとすれば、同性婚を肯定するうえでしばしば言われるような、「多様性を認める」ということも本当の理由ではないのかもしれないですね。

同性婚については、認めるべきだという意見でみんな一致していました。その時には、本人たちの同意があり、誰かに迷惑をかけていないのならば、否定する理由がないという論調でしたよね。ただ、この一夫多妻に対する反応でみえてくるのは、それらは同性婚を肯定する本当の理由ではないかもしれないということです。何か、「結婚とはこうあるべきだ」っていう感覚がみんなの中にあって、同性婚はそこからあまりずれてないから肯定しやすいのではないでしょうか。一方で、その「結婚とはこうあるべき」からあまりに外れると認めるのが難しい。では、そもそも理想とされている結婚って何なの？という問いも見えてきます。

近親婚ってタブーなの？

萱野　もうひとつ例をあげましょう。2008年、オーストラリアの夫婦が、実は父娘であるとテレビ番組で表明し、自分たちのような夫婦が存在することを受け入れてほしいと語りました。この例では、幼い頃に両親が離婚して父親のことを知らずに育った娘が、成長してから30年ぶりに父を訪ねて、そこから二人が交際するようになったというケースのようですね。二人の間には子どもも生まれています。二人の間には合意があり、当然成人しています。つまり近親婚ということですが、この例についてはどう思いますか？　結婚を認めてもいい？

高室　気持ち悪いというより、近親婚に対して反射的に「気持ち悪い」と思うように、私たちは教育されてるんだろうなと思います。小さい頃って、「パパと結婚したい」って思ったりすることがあるそうです（私は思ったことないですが）。だから、人間は本能的にはそういうことを考えてもおかしくないんだと思うんです。でも、それが気持ち悪いと考えるような教育をされていて、だからこそ私はこれをみて「なんで性的に好きになっちゃったの?」って違和感があった。

齋藤 父親に似た人を好きになるって話はよくあるよね。

萱野 教育でそうなったのか、もともと自分たちが近親婚のようなものを忌み嫌うものがあるから教育もそういう方向になっていったのか、って考えるとどちらだと思いますか?

高室 昔は高貴な家の人たちの血筋を守るために、あくまで貴族同士の間で結婚することとかが続いてきたところもありますよね? 他の血を入れないために。そうすると、近親の血が濃くなったりはしていたはず。でも、それが続くことで生まれる子どもの先天性異常のリスクが高まったり、弊害が生まれてくるから、やめなきゃいけないって規範が生まれてきたのかな?

黒田 その頃って、家の権力を保つためというような政治的な色合いが強かったはずだから、結婚することの意味も違ったはずだよね。

萱野 先天性異常のリスクでいうと、近親婚で子どもの先天性異常のリスクはおよそ2・2倍といわれます。遺伝的な問題は、近親婚が忌避される理由として挙げられますよね。確かにリスクは2倍になるのだけれども、逆に言うと2倍にしかならないわけです。その論点だけで言うならば、たとえば高齢出産のリスクを考えたら、高齢出産も禁止しなければいけないのかという話になりそうです。

それから2倍とは言っても、リスクはもともとかなり低い割合なわけでそれが2倍になっても、昔の人が客観的に認識できたとは考えにくいよね。科学が発達したから認識できるようになったというレベルです。そう考えると、先天性異常のリスクも、近親婚が否定される本当の理由なのだろうかという疑問が出てきますよね。もともと、近親婚をタブーとする社会規範があって、先天性異常のリスクはそれに適合する都合のいい事実なのでたびたび持ち出されるようになったというのが、合点の行く順番なのかなという気もします。

結婚の枠組みとは何か

萱野　現代で起きたこの近親婚、やっぱりみんなは認めたくない？

黒田　今までの人生で、学校とか親に教えられたことってすごく自分に影響を与えてるなと思うんです。たとえば私たちの世代だと、同性婚や同性愛については受け入れるような教育がされてきています。だけど、父と娘の恋愛を推奨するようなことは言われてこなかったし、一夫多妻もそうですよね。だから嫌だって思うのかな。自分が持っている家族観が崩れることには抵抗があります。

高室　結婚って、家族の新たな枠を築くことですよね。

黒田　うん、近親婚になると同じ家族の中に、枠がふたつできちゃうというか。

萱野　最初は不自然かもしれないけれど、本人たちがよければいいじゃん、ということにはならない？

黒田　こういう言い方はよくないかもしれないけど、自分は異性愛者で、同性婚は自分から距離のあるところで起きているという感覚があるんです。でも、近親婚になると自分に近いところにある家族像と重ねてしまうということなのかもしれないです。

高室 でも、私はこのケースだったら認めてもいいかなって思います。

萱野 それはなぜでしょう。

高室 たとえば一夫多妻制だと、妻に一番目、二番目、三番目……、というのが生まれるわけじゃないですか。

萱野 序列ができてしまうということですね。

高室 その複数の妻を平等に扱うのは大変なことだと思うので、そこで泣きを見る人が出てくると思うんです。この場合は、一対一の関係を築ける気がするので、いいんじゃないかと。

萱野 なるほど。では、高室さんにとっての結婚のあり得べき姿というのは、「一対一の関係が平等である」ということかな。

高室 そうですね。私もさっき一夫多妻の例の時に、なんでこんなに嫌悪感を持つんだろうって考えたら、一人に対して相手がn人いるから、そのn人の中で序列ができて苦しむ人がいるだろうなっていうのがネックでした。

結婚は「共同体の論理」

萱野 ここで少し、近親婚についてお話しします。一夫多妻を認めている地域もありますが、近親婚については、文化や地域にかかわらず人間の社会のあらゆるところで禁忌とされています。この現象は人類学者や社会学者の研究でも古くから指摘されているのですが、こうした近親での性的関係の禁忌を「インセスト・タブー」と呼びます。

なぜ近親間の結婚・性的関係がタブーとされるのか。有名なのは、フランスの社会人類学者クロード・レヴィ＝ストロースによる研究です。レヴィ＝ストロースによれば、結婚は自分たちの一族から他の一族へ女性を「贈与する」ことになり、それが常に行われるために結婚とは「女性の交換」だといいます。Aのファミリーから B のファミリーに女性が嫁ぐ。Bのファミリーから C のファミリーに女性が嫁ぐ。C のファミリーからは D のファミリーに……と回っていく。他の家族に女の人を嫁がせて、別の家族から自分の家族に女の人をもらう循環になるわけですね。

女の人は昔から、男同士の争いの対象になってきました。たとえば、ひとつの家族の中で父と息子の両方がお母さんを性の対象にしてしまったら、争いが起きて家族が成り立たなくなる。だから、強いタブーが働いた。女性の帰属がはっきりすると、その女性をめぐっては争わないという、ある種の平和条約になります。そして、より大きな集団関係を作って連帯し、自分たちの安全を維持しようとしたということですね。

それが結婚の前提になっていったと考えれば、もともと結婚って個人主義的なものではまったくないんですよね。現在でも、恋愛は個人でするものだけど、結婚になると親族が反対したりという要素が入ってきます。だから、個人主義的な人ほど、結婚っていう制度に違和感を覚えたりもするわけです。

高室　同性婚など幅広いかたちを認めようという流れは、レヴィ＝ストロースの説が対象にしていた時代に比べて、人間の社会性のあり方が変わってきたということなんですかね。

萱野　そうですね。今は、結婚が共同体の論理からも離れるようになってきた。共同体の論理で結婚していた時代には、恋愛なんて関係ないんですよ。恋愛結婚というのは、結婚の歴史の中でもごく最近の大発明、大転換点です。たとえば日本って、1960年代くらいまではそれほど恋愛結婚は当たり前じゃなかったんですよ。高度成長期で多くの若者が都会に出てくると、親や親族の論理から自由になることが増えますよね。それがひとつの転機です。とはいえまだ、誰かが世話焼きして知り合った相手が多かったりもしていたので、実態としてはまったくゼロからの恋愛ではない。けれども、実感としては自分達は恋愛結婚をしたのだという意識が勝ってきますよね。そうやって共同体の論理が薄れていきます。

高室　それでも、今でも女性は20歳を過ぎると、結婚しろと周りに言われることが多くなって、だからせき立てられて「相手を見つけなきゃ」、「結婚しなきゃ」になりますよね。それを果たして恋愛結婚と言っていいのか、自分が恋愛や結婚をしたくてしているのだろうかと思ったことがあります。

萱野　それはけっこう鋭いです。1980年代くらいでもまだ、会社が女性社員を雇う時には男性社員の「嫁」予備軍という意識も強かった。男性社員のアシスタントみたいなことをさせて、結婚させる。そうすると、奥さんは会社の事情をわかってるから仕事に理解も持ちやすくなりますよね。会社内で周りからお膳立てされて囃されて、本人たちは恋愛結婚だと思って結婚しているかもしれないけれど。

恋愛が自由だと結婚は難しい？

萱野　ただ、ここ二十年くらいは、そういう周りのお膳立ても弱くなっていますよね。そうなると、個人主義の恋愛、結婚になってくるけれども、本当にゼロから恋愛しなきゃいけないということでもありますよね。だとすれば、「恋愛強者」しか結婚できなくなってくるということかもしれません。

齋藤　だから今、婚活とか合コンとかって言葉が流行ったりするんですかね。地縁や血縁から離れていった結果だと思うんですけど、出会うチャンスって激減した感じがしますよね。

萱野　選択肢が増えるとかえって、「そう簡単には結婚できない」という感覚になるんですよね。自由になればなるほど、変な人とは結婚したくないって気持ちも強くなるし。

高室　地縁みたいなことでいえば、街コンとか最近増えてますよね。そういうのが根付くとまた違うのかな。

萱野　機会を増やそうってことですよね。人間ってそれほど簡単には相手を見つけられないものなんですよね。自分が持っているものと相手に対して求めるもの、それと相手が持ってるものと相手が自分に求めているもの。

その双方が一致しないと、恋愛や結婚って成立しないですよね。これって、本当はすごくハードルが高いんですよ。人間はそこまで器用じゃないから、結婚率が今後下がっていくのはある程度仕方ないことではありますね。個人主義化の代償といえるのかもしれない。

高室　そうなった時に、結婚しているかどうかを基準に「勝ち組」、「負け組」とか言われたりするじゃないですか。どう生きるかの価値基準はそれぞれのはずなのに。そういう空気が漂っているのが生きにくいなって感じます。結婚したいと思っていてその機会がある人はするのがいいし、そうじゃないところに価値を見つけるならばそっちでいい。その前提が当たり前になるといいなと思います。

Part_3

どうしたらいいの？
仕事と子育て

008

高齢・女子・労働
——女子が60歳代を超えて働くということ

黒田美樹

今日の日本は少子高齢化を迎え、また将来的な公的年金の減額など、中高年期の生活をめぐって悲観的な予測がメディアを賑わすことも多い。年金を基に豊かに暮らせる老後、というシナリオにはもはや期待できないのだろうか。ともかくも、高齢期を迎えてなお、労働し続けることへの想像力を養うことは重要である。この章では、労働者として60歳代を迎えることについて、あらためて考えてみる。

1. なぜ「高齢女子の労働」か

60歳代で働くこと

現在、日本女性の４人に１人が65歳以上である。この時代において、高齢女子の働き方について考えることは避けて通れない。２０１７年度に行われた総務省「就業構造基本調査」によれば、65～69歳の女性の約５割が就業意欲を持っている。また、そのうち無業者については「収入を得る必要」を挙げる割合が、男性よりも高くなっている。しかし、女性は男性に比べて、就業中断などの理由で就業経験の蓄積や能力開発が不十分になることが多く、就業希望が実現されにくいという現状がある。このような中で、高齢女子たちは何のために、また、何を思いながら働くのか。そしておよそ40年後、私たちが高齢女子になったときに向けて、何を考えておけばよいのだろうか。

ここでは「高齢女子」を、「60歳代の女性」と限定して話を進めていく。60代女性の仕事といって、どのようなものをイメージするだろうか。掃除のおばちゃんや、スーパーのレジ打ちなど、やはりパートタイムで働いている姿が想像しやすい。事実、働く60代女性の多くが非正規雇用だ。また、内閣府「高齢者の経済生活に関する意識調査」（２０１１年）によると、60代女性が働くときに最も重視することは「体力的に軽い仕事であること」と回答している人の割合が大きい。

もっとも、60歳代は体力的にも精神的にもまだまだ現役であるように見える。私たちが60代になる頃、キャリアを持つことができた女性たちは男性と同様に働き続けることを選択するのかもしれない。

現在でも、男性は本人が望めば定年後でも働ける機会は多い。しかし、今の60代女性はどうなのだろう。女性が要職に就けるようになったのは最近のことである。キャリアよりも家庭におさまることを重視した人も多い。そんな女性たちは、働き続けたいと思う高齢男性のように、自分のキャリアを継続して働けるまで働くという選択肢がない。結婚して家庭に入り子育てをした女性が、60代になり子どもが独り立ちしたあと、どのように自分の時間を過ごすことができるのか。そんな疑問から、「高齢女子の労働のリアル」を探ってみようと思った。

高齢女子の生きてきた時代

はじめに、彼女たちがどのような時代を生きてきたのかを考えてみよう。２０１７年現在、60代女性とは、およそ１９４０年代末から１９５０年代末の生まれにあたる。彼女たちが生まれる前後は、どのような時代だったのだろう。たとえば、１９４６年には第22回総選挙が行われ、初めて女性が国政に参加した。また、1955年には、石垣綾子が「主婦という第二職業論」を発表し、主婦論争に火をつけた。そして彼女たちが10代後半から20代前半のころには、女性の就業人口が2000万人を超え、ウーマンリブ運動が広がりを見せた。男女雇用機会均等法が施行された1986年、彼女たちはおよそ30代になっていた。さらに1993年には、パートタイム労働法が施行される。

このように、高齢女子たちは女性の地位向上の歴史とともに生きてきた。けれども、60代になった今、彼女たちはその恩恵を受けているのだろうか。そして、このような世相の中で、彼女たちが仕事と結婚をどのようにとらえていたのだろうか。

戦後から1960年代前半までは、戦前にみられた賃金労働を継続する女性と、賃金労働から解放された専業主婦とに二分化する傾向があった。高齢女子たちの母親は、このどちらかにあてはまるといえるだろう。1960年代後半には社会全体で高学歴化がみられ、製造業で若年労働者が不足した。この穴を埋めたのが主婦のパートタイマーである。日本においてパートタイム労働者は好況時に増加し、不況時には減少することで景気の調整弁としての役割を持っているが、そのほとんどを主婦が担うという傾向はこのようにして生まれたのだ。ちなみに、未婚率についてふれておくと、高齢女子たちが20代であった1960年代ごろ、20代前半の未婚率は約7割だが20代後半になると約2割と急激に下がる。現在の20代女性と比べると未婚率は低く、家庭におさまる女性が多かったことがうかがえる。

１９７０年以降も女性の就業人口は伸び続けたが、就業分野は製造業、卸・小売業・飲食店業、サービス業に集中し、非正規雇用の増加も目立った。そして現在、働く女性の過半数が非正規雇用である。最近は各企業で女性の活躍促進がブームとなっているが、それが「ブーム」であるうちはまだ、男女平等とは言いにくいだろう。

2. 女性の働き方

何のための労働か?

しばしば、女性の労働力率は「M字型」になっていると指摘される。労働力率とは、「労働力人口」÷「15歳以上人口（労働力状態不詳を除く）」×１００という式で導かれる。つまり、働き手としてみなされる15歳以上の者の中で、どのくらいの割合の人が実際に働いているかを示したものである。その労働力率が、日本女性の場合、一般的に結婚・出産適齢期とされる30代でいったん下がるため、グラフで示した時に20代後半と40代前半を山としてM字型の曲線になっていると言われるのだ。この傾向は、１９７０年代に高等教育を受けた女性が増えた頃からみられる。30代の女性が結婚や育児などを機に離職し、そのまま職場に復帰しない、または職歴を活かす職に就かない、就けない状況がその背景にある。

同様に、40代前半をピークにしてそれ以降の労働力率が下がっていくのも、親の介護などのために家庭に入らなければならないからという理由が目立つ。女性が「家族のために」何かを選択し、自分のキャリアを犠牲にするという傾向は根強い。

では、60代女性となると、どれくらいの人々が実際に働いているのだろうか。厚生労働省の発表（「平成29年就業構造基本調査」）によると60〜64歳の女性の就労率は47・3パーセントである。65歳以上になると29・8パーセントまで落ち込むが、60代前半では半数に近づくくらいの割合の女性が働いていることになる。もちろん、60代前半の男性の就労率72・7パーセント、60代後半の男性の就労率が49パーセントであることと比べると、女性が働く割合は低い。それでも、高齢女子はまだまだ現役世代と言える。

注目すべき点は、男性と女性で「働く理由」が異なるということだ。株式会社ジー・エフによる「シニア・高齢者の働く意識」についての調査によると、働く理由について男性は「生きがいのため」と回答する割合が高いが、女性は「現在の生活を維持するため」と回答する割合が最も高くなっている。

ここから見えてくることは何だろうか。この背景には、女性が消費行動の中心にいるということがひとつの要因としてあげられる。日本社会においては「家庭の経済を管理するのは女性」という傾向がある。この傾向については、女性の社会進出が遅れている日本ならでは、と指摘されることもある。その意見の是非については今回はひとまず措いておくが、女性の方がお金を得るための手段として労働をみなしていることがうかがえる。

単身者の実情

しかし、お金を得るといっても、もちろん女性たちそれぞれの置かれた環境は異なる。特に単身の高齢女子の場合、より切実さが強いといえるのかもしれない。

女性は前述したとおり、結婚してから家事・育児や介護などを理由に仕事を辞めなくてはならない傾向が強い。また、給与所得が男性に比べて低く、非正規雇用の割合が高いなど就労環境により、所得や貯蓄が十分でないという状況がある。就労環境における女性の地位の低さは、母子家庭の母の就業率が高いにもかかわらず、母子家庭ほど貧困である割合が高いという状況からもうかがえる。

若い時からの働き方の影響と平均寿命の長期化とがあいまって、高齢期になるほど女性が経済的に厳しい状況に置かれるという現状だ。若い時の生活環境や、どのように働くことができたかが自分の老後を決めるといっても過言ではないのだろう。

その中でも特に厳しい状況に置かれているのが、離別女性である。離婚して単身となった女性は、夫の収入や遺族年金に頼ることもできず、安定した再就職もままならないことが少なくない。また、その3人に1人が年収120万円未満である。これは離別女性のうち、約4割が非正規雇用中心であったことなどが影響しているとみられる。

このような問題を解決するためには、二通りのやり方があるのではないだろうか。

ひとつは、男女の差がない労働環境を作り上げていくことだ。言い換えれば、「女性も男性のように働ける社会を作る」ということだ。ただし、働き手が若いうちから男女の差をなくし、長期的なスパンで経済的な格差を解決していくやり方では、現在すでに高齢女子である人たちを救うことはできない。

そこでもうひとつの解決策を提案したい。それまで家庭に入り家族のためにやっていた家事や育児、介護などのスキルを活かした職を、より良い条件で行える環境を整えればよいのではないだろうか。現状、60代女性がスキルを活かせる仕事の多くは非正規雇用であり、続けていても昇給の見込みがない場合が多い。一方で家庭で得た家事や育児のスキルは、共働きの多い家庭夫婦をはじめ、今後需要が増えることが考えられる。家事代行や保育補助などの分野において、高齢女子が安定した収入を得られる場を作ることが求められるのではないだろうか。

よい生活の維持

もっとも、全員が生活に困窮するレベルの経済状況ゆえに働いているわけではないだろう。先のアンケートでは、「現在の生活を維持するため」と答えた60代女性の割合が29・2パーセントと最も高くなっている一方、「社会参加のため」が13・5パーセント、「生きがいのため」が14・6パーセントと、働く目的として「お金を得る手段」以外の理由も挙げられている。子どもが手を離れ、今までの生活が大きく変わり、更年期で身体も変化をむかえる時期に、60代の女性は何を考え、どう生きるのか。比較的に見て、お金にゆとりのある高齢女子についても考えてみたいと思う。

60代女性が、環境の変化で空いた心の穴をうめるために、といっては大げさかもしれないが、時間とお金を持て余して習い事を始めるのはよくあることのようだ。私は趣味として、時々ダンスのレッスンを受けに行くのだが、レッスンに参加している半数近くが60代以上の高齢女子である。実際に、高齢女性全体の半数以上が、何らかの習い事をしているという。高齢男子が習い事をする割合は23・5パーセントであることを考えると、男性より女性の高齢者の方が積極的に習い事をしていることがわかる。高齢女子たちはアクティブなのだ。また、JRの「大人の休日倶楽部」などからもうかがえるように、60代を対象にしたマーケティングは盛んに行われている。

観光庁が行った調査によると、60代女性の宿泊観光旅行の消費単価は、50代女性に次いで高い数字となっている。

現在の充実した生活を維持するためにパートなどをして稼ぐ女性も多いのではないだろうか。

おわりに——私たちが高齢女子になったら

では、およそ40年後、私たちが高齢女子になった時にはどのようなことが待ち受けているのだろうか。

孤立や貧困等の状況に置かれやすい高齢の単身世帯は、未婚や離婚が増える中で、今後急速に増えていくと考えられている。2030年には、女性は高齢者の5人に1人、男性では高齢者の6人に1人が一人暮らしの社会になると予測されている。また、貧困の状況には男女で違いが見られ、高齢になると女性の相対的貧困率は男性の相対的貧困率を大きく上回るようになるという。

未婚の高齢者は男女ともに、孤立や貧困の状況におかれる傾向が見られる。今の高齢女子が生きてきた時代にはまだ、女性を家庭に強く縛り付けるようなイメージのものとして結婚があった。しかし現在は女性の社会進出が進み、女性が結婚後に働き続けることも珍しいことではなくなった。だからこそ結婚については、とらえ方を変えてはどうだろうか。つまり、女性を縛り付けるものではなく、男女ともに貧困や孤立を回避するための、メリットのあるものとして考えることができるのではないだろうか。もちろん、結婚や出産が必ずしも人の幸せではない。生涯独身という選択も、結婚と同等に尊重される選択だろう。

［参考文献］
総務省『平成29年度　就業構造基本調査』
内閣府『平成23年度　高齢者の経済生活に関する意識調査』
株式会社ジー・エフ『シニア・高齢者の働く意識に関する調査』
内閣府『平成20年度　高齢男女の自立した生活に関する調査結果』
石垣綾子「主婦という第二職業論」『婦人公論』、中央公論新社、1955年2月号

009

子育てか、キャリアか？

――両立のための提案

佐藤玲衣
慶本彩夏

子どもを産み育てていくうえで避けて通れない課題が、仕事との両立をいかにはかっていくかということだ。それには、妊娠・出産を経験する女性だけの問題ではなく、配偶者となる男性側の意識や環境も大きく関わってくる。この章では、子育てをしながらキャリアを継続していくために、育児休業制度やワーキングスタイルといった環境の側面と、子育てとキャリアをめぐる社会全体の意識の側面、その両者に目を配りながら、現在必要なのはどのような考え方なのかを模索していく。

1. 育児とキャリアの間で

女性が働き続けることは難しい?

ドラマや映画の影響で、中学生のときから将来は育児と仕事の両立をはかるキャリアウーマンになることが私の目標だった。しかし、いざ社会人を目前にして、この原稿を執筆するために集めた情報と向き合ってみると、女性が抱えるキャリアパスの不透明さにはショックを受けた。日本の男女格差指数、企業の女性役員比率、そもそもの就業者および管理的職業従事者に占める女性の割合、ジェンダーギャップ指数……、こうしたデータを見る限り、日本は他の先進国から遅れている。そしてその遅れを取り戻そうと、3年育休、待機児童ゼロ、育児後の再就職や起業支援、上場企業における女性管理職の増加など「女性が働きやすい」社会を目指して、女性支援政策を推し進めようとしている。働くことと子どもを産むこと、その両立をはかる女性は、本当に増加するのだろうか。自分自身の未来のこととして考えたい。

女性が働くうえで直面する問題とは何だろうか。まず、現状を把握したい。顕著な事実として挙げたいのは、女性が育児期の30歳代に仕事を辞める率が上がる、いわゆる「M字カーブ」の構図である。カーブをつくる要因、すなわち女性の退職理由で主たるものは仕事への不満、キャリアパスの不透明さ、そして多いのが妊娠出産である。キャリアを続けながら子どもを産み育てたくても、そうさせない現状がある。働きたい女性が普通に働き続けること、それが難しい。女性が育児とキャリアを両立しづらい現状には、男性側の育児をとりまく環境も大きく影響している。まずは男性の育児休暇普及率に注目し、女性の育児・家庭の両立における障害を考えてみたい。

育児休暇普及率の男女差

子どもを養育するために休暇を取得するのが育児休暇（育児休業）だが、この制度の普及率は、男性と女性でその差は歴然である。男性の場合、1999年度から1％台に留まったままであり、そのうえ育休を取得しても、その休業期間が5日未満の男性の割合が最も高い。高度経済成長期1950〜70年代のライフスタイル「男性は外で稼ぎ、女性は家庭に入る」というモデルが今でも根強く浸透していることが根底にあるからだろう。共働き世帯が増加しても、この根底の考え方をもつ世代が管理職に就いている現在、女性が働き続けることや、男性の家事参加に対するフレキシブルな対応を見込むのはなかなか難しいようだ。近年は政府の取り組みもあり、女性の活躍が話題になることも多くなったことで、社会全体としての理解は少しずつ進んでいるのかもしれないが、その効果が、社会の隅から隅まで表れるにはまだ時間がかかるように思う。政府がどんなに法制度を整備しても、実効性が無ければ意味がない。2020年度の男性の育児休暇普及率の目標は13%だが、あと数年で10%以上も伸ばすことができるのか、疑問に思う人は多いだろう。

女性が仕事と育児を両立するには、男性の協力が欠かせない。男性が育児休暇を取得することに対して、日本社会にはまだまだ余裕と理解が追いついていない。実際、男性が育児休暇をとるためには、働く組織や周囲との信頼関係が築けていなければ難しい。育休を受け入れられにくい場で働いていたとすれば、育休取得自体がキャリアアップの障害になってしまう。ただでさえ、日本では長時間労働が問題視されている。その解決の見込みもないような現状で、育休の充実がはかれるだろうか。

「イクメン」「イクボス」というワードが定着しつつある現在でも、やはりまだまだ男性は家庭に入りにくい。イクボスが増えることと、女性が働き続けた結果得られる「女性管理職」の増加とは比例するようにも思うが、イクボスの養成がどこまで実現できるのか、測るのは難しい。いわゆるイクメンとイクメンでない人がいたとして、個人の能力が同じ程度である場合、企業はわざわざイクメンを昇進させるだろうか。また、イクボスを設置することで、上司の査定をアップさせるなどのバックアップがあったとしても、育児に対して理解がある企業であるなら積極的に登用するかもしれないが、すでに決まりきった風土や価値観、それに伴った価値観が浸透している企業では実施されにくいように思う。

しかし、男性の協力なしに女性が働き続けられる環境作りはできない。有能な女性がキャリアアップを諦めることになるのはもったいないことだ。女性が働くことで、家庭の経済力はあがり、男性の負担も軽減される。そしてゆとりを持った男性が家事を分担することができれば、こんなに効率のよいライフスタイルはほかにはないように思う。ともに支えあうことが当たり前にならないだろうか。

女性が妊娠・出産後に担う家庭の重みを男性の協力によって軽減するためには、実効性と運用性がある育児休暇のシステムを企業独自で開発する必要があると考える。政府の定める法制度＋αという、企業側の積極的なアレンジが必要だ。アレンジする努力を試みる姿勢があるかないかということが、企業の質にも関わってくるように思う。

2. 子どもを育てながらの働き方

復職のハードル

育児休暇を取得したとして、次に待つ課題は育児休暇を終えたのちの復職のハードルである。

女性が出産後、復職をすることができても、育児のために短時間勤務で働いているうちは、周囲とワーキングマザー(ワーママ)の間に溝がうまれる。ワーママであれ、本人が働くと決めたからには、特別扱いはできないという本音もあるかもしれない。けれど、ワーママ側は結果的に休みがとりにくくなり、二人目を産みたいと思っても躊躇してしまう。仕事と育児を両立できる女性像を構築しておきたいという意向を企業が持っていたとしても、やはりブランクがあったりフルタイム労働が困難であったりすることで、なかなかサポートしにくい場面も出てくるだろう。お互いが不利益な状況に陥ってしまうこのスパイラルを、緩和することはできないのだろうか。

ここでは、復帰したワーママ自身の意識改革が必要だと考えた。「育児が忙しいから」は理由にならない。重要なのは「短時間勤務だから、処理しやすい仕事をする」という意識ではなく、フルタイムで働けずとも、自分が達成可能な仕事を自ら選択し、実現しようとする向上心を持つことだ。その余裕がないという人は、また別の形で自分に合った働き方を選択するべきではないだろうか。育児を理由に周囲に自然と負担をかけていることを重く受け止める姿勢が求められるように思う。個人の能力と努力次第で、会社側の理解は得られるはずだ。

それほど簡単にいえることではないのかもしれない。けれど、自分が実際に復職の場面に立った時、自分で自分の働き方を選択できるようにしたいと思う。その先に「ワーママが働き続け、管理職に就くことで発生する企業側そして社会へのメリット」があると信じたい。たとえば、ワーママがもたらす社会への経済効果はすごいらしい。2013年7月に発表した電通総研の試算によれば、主婦の再就職による直接効果は約3兆円にものぼるという。母親が働くことこそ、消費が増えることに繋がる。家庭の財布を握っているのは母親であることが多い。家庭の消費の舵をとっているのは母親であり、ワーママが増えることが社会全体を明るくする希望になるのではないか。

ノマド、フレックスという考え方

先ほど「働き方の選択」という言葉を使った。次は企業側の「多様な働き方」の提供に関しても考えたいと思う。

ノマドワークやテレワークという働き方をご存じだろうか。ノマドとは「遊牧民」という意味である。遊牧民のように、固定したオフィスを持つのではなく働く場所を自由に選択することができるスタイルをノマドワークと呼び、テレワークは自宅で勤務する形態を指す。場所に縛られないことで、自分の時間を増やすことや家族の看護や介護に充てることが目標らしい。この働き方は、女性支援策になり得ると考えた。

また、オフィスでの勤務時間を柔軟に選択できる「フレックスタイム」という取り組みも活発になってきた。私もこの流れに賛成だ。もちろん、最初にあげたノマドワークスタイルに関しては業種・職種によって可能かどうか大きく分かれるが、育児をする女性にとっては有意義な選択肢のひとつだと思う。これらの取り組みが進めば、長時間労働の問題の改善にも近づくのではないか。実際に社会で働く人々からすれば理想論かもしれない。しかし、多様な働き方を企業側が準備すること、その余裕をつくることこそ、いま日本企業が抱えている問題を一気に解くものになるのではないかと思った。

企業側に改善を求めるばかりではなく、ワーママ自身の意識を変えることも必要だ。双方の質が問われるだろう。実際、命がけで子育てをしている母親がまた社会に出ることがどれだけ大変なことなのか、おそらく私の想像は追いついていない。現実を見ろと言われてしまうかもしれない。それでも、「企業と母親がともに働き方について考える」ことが、女性の人生を明るくする光になるとここに言い切りたい。

佐藤玲衣

3.「子持ち先生」の問題から考える

それは2014年春のこと。埼玉県の高校教諭の女性が、自身の子どもの入学式に参加するため、自分が教師として受け持つクラスの入学式に出席しなかったことが問題となった。この先生は後日、勤務する高校の校長から注意を受けることとなった。そのことが報じられると、「家族を優先させることはおかしくない」、「優先させるべきは仕事の方である」と、世間の意見は真っぷたつに割れた。

私自身は、家族を優先させることに賛成である。

私だって、せっかくの入学式に先生がいないのでは少しばかりがっかりする。これから新生活が始まろうとしているのだ。それになんたって花の高校生になるのだ。受験をくぐり抜けて、もう一歩大人に近づいた気がして。中学生とはまた違う、なにかもっとこみあげてくるものがある。期待と不安が入り混じり、何か壮絶な物語の主人公になれそうな、そんな気分。その新生活の舵をとる先生がいないとなると、それはもう拍子抜けだ。これから気を新たに頑張ろうという時に、重要な要素が欠けているのである。他のクラスの生徒たちは担任の先生にもう会っていて、これからの学校生活は楽しそうだとか厳しそうで辛そうだとか、先生一人のことでも随分と違ってくるであろう。それが何もわからないとなると少し寂しいし、いきなりそれで授業に入るのかと思うと、構えることができなくて恐ろしい。

保護者だってびくびくしているだろう。自分の大切な子どもを引き受けるのは、一体どこの誰なのか。見ず知らずの、「先生」というラベルだけついているその人は、保護者の目から実際に見て信頼できるのか。ついこの前まで生まれたばかりの赤ちゃんだと思っていた子どもはもう高校生。そして、後で控えている大学受験もあっという間にやってくる。その第一歩の踏み出しに、先生がいないのである。この機会を逃すと、次にいつ先生に会えるかわからない人だっているだろう。無い時間をどうにかやりくりして出席した保護者だっているだろう。こちらもこちらで拍子抜けだ。

しかし、保護者にだって事情があるように、先生でありまた保護者でもある当の教諭本人にも、息子の入学式という事情があったのだ。私はその報道を知って、なんて家族思いの先生であろうと思った。是非、私たちのことは取りあえず措いておいて、息子さんの入学式に出席して欲しい、と。その先生が入学式の日に遊びに行ってしまっていたのならともかく、彼女は一人の親として、自分の子どもの入学式に出席したのである。

「先生」は「聖職」であると考える人もいる。それはもっともだと思う。他の職場と比べて、学校とは、かなり異質な職場であろう。なんといっても未来の日本を、世界をも担う人間の育成に関わるのだ。率先してさまざまなことを教えていかなくてはならない。

だとすると、この教諭の行動は悪いことだったのだろうか。彼女の家族構成や、配偶者が普段どのように家族と関わっているのか等はわからない。それでも今の時代、女性が職場と家族、両方に手を回せる環境は必要とされているのではないだろうか。入学式に出席する保護者には、有給休暇を取得してきた人だっているだろう。なぜ、先生はだめなのだろうか。学校という教育の場で、先生が率先して有休をとり、家族のために時間を費やす。今、必要とされていることが、目の前で実践されているのだ。これからの時代を生き抜く生徒たちにとって、それが立派な見本になるのではないだろうか。

働き、産み育てる女性のために、現在さまざま制度が整備されてきている。先生だからといって、そこから除外されなくてはならないのだろうか。人々は皆平等であるのならば、その職種の持っているイメージに縛られて物事が決定されてしまうのはよくない。保護者も一度、先生を一人の「親」として捉えてもらいたい。自分の子どもの新たな門出を見届けたいのは、他の保護者と同じ気持ちだ。

この教諭の在籍している高校も、事前に申請された有休の届けを許可したのである。なぜ許可したのか。それは学校が一番良くわかっていたのではないだろうか。その理由をきちんと表に出さず、先生を注意したのは残念なことだったと思う。そのようにして家族を大切に思う先生がいることと、それをも学校が支援していると、どうして言えなかったのか。教諭が悪者のようになってしまっているが、それは私にはしっくりこない。

女性が働くことが普通になりつつある時代。子育てもしたいし、働きもしたい。まだまだ難しいところは多々あるが、その両立が可能になりつつある時代が来ている。そんな時代の流れに合わせてもよいのではないだろうか。

しかし、周りがいつも合わせてくれるのかというと、そうではない。相手には相手の世界がある。凸凹した関係を、歯車のようにうまく合わせていかなければならない。うまく合わなければ、学校も、家族も、その人を取り巻く多くの歯車が回らなくなる。

いろいろな視点から考えれば考えるほど、さまざまな立場の人々の意見が聞こえるような気がする。ホログラムで事前に撮影した先生が登場できるようなことがあればまた話が変わってくるかもしれないが、現段階でそれは不可能に近い。もちろん、先生が分裂できるわけでもない。昔の考えでいけば、優先順位は仕事の方が上だったのかもしれない。だからと言って、それをいつまでもずるずる引きずるわけにはいくまい。教育方針だってどんどん変わりつつある。先生が家族のことも考えることができるようになった。これは立派な進歩ではないだろうか。

4. 産み育てることの困難

待機児童

働くママたちにとって深刻な問題となっているのが、労働中に子どもを預ける場がないことだ。配偶者も働いていて、どちらかの両親（幼い子どもにとっての祖父母）の手助けも得られない状況にある場合、子どもの面倒を見てもらう必要がある。育児休暇という制度はあれど、実際には休暇を取得しづらい事情を抱えることも多く、休暇期間も思い通りになるとは限らない。たとえ子どもが一人で留守番できる歳までと願っても、育休はほんの一瞬にしか過ぎず、それは叶わないだろう。

仕事上の立場を維持しながら、子どもも育てたい。その両立を目指すのは覚悟がいることだ。かといって、子どもを産まない人が増えるままでいると、少子化はさらに加速し続ける。こんな時代だからこそ、女性が働きながら子どもを産み育てることは大切だが、現実は厳しい。

政府や自治体は、保育所の増設などの整備を行っているものの、なかなか順調にはいかないようだ。一部の周囲の住民、さらに一部の保護者からは、保育所増設に対して反対や疑問の声が上がることも多い。反対する住民の立場からすれば切実なことでもあり、問題は複雑で深刻だ。

たとえば新しくできた保育園がラブホテル街の近くにあり、そのような場所にある保育園に子どもを預けたくないと考える親が多いために定員割れしてしまっている保育園があるという。近くにホテル街があることがそんなにも影響するのか、少々不思議にも感じてしまう。ホテル街と保育園という組み合わせは、確かに一瞬ぎょっとするかもしれない。しかし、保育園であれば子どもが園外で好き勝手に一人歩きすることはないだろう。園内にいる限り、先生は目の届くところにいる。送迎バスはホテル街の中心をなるべく避けるなどの配慮も可能だろう。周辺の景色はビルばかりになってしまうかもしれないが、あくまで一時的に預かってもらうための場である。

保育所の設置によって、自転車や自動車の交通量にも変化が生じ、また通行する子どもの動きは大人に比べて予測不可能なこともあり、これを危険と感じる人もいる。確かに、保育所をどこにでも設置してしまってよいとは思わない。道幅や歩道など周辺の環境も考慮しなくてはならない。

しかし、保育所の設置が急激な事故の増加を招くとは思わない。どこでもそうであるように、防ぎきれなかった事故はどうしても起きてしまうとは思う。とはいえ、運転しているのは子どもを送り迎えに来た保護者や、バスの運転手である。あるいは自転車であっても、子どもを乗せているならばそう無茶な運転はしないだろう。その土地に合わせて保育所があることをしっかり周囲に知らせ、他の自動車などの運転手に注意を促すことができればある程度、危険を防ぐことはできるのではないだろうか。

ただ、次のような問題については、どう考えたらよいのか自分でもわからなくなった。それは、静かな生活を求めてその土地に住んだ人々にとっては、保育所ができるとその環境が変わってしまい、納めている税金が無駄になってしまうという主張だ。こうした意見を知った時は、確かに、と思ってしまった。「音」は問題になるだろうと、私も思う。静かな生活を求めている時に、子どもの声が響くとうるさいという気持ちはわかる。元気いっぱいで無邪気な彼らは、走り回って喧嘩して転んで泣くだろう。運動会だってある。自分の部屋で集中したい受験生だった私にとっては、二人の幼い子どもの声が聞こえていただけでも大問題だった。だからと言って、幼稚園を要塞のようにして囲うことはできない。しかしそうなると、やはり保育所を置ける場所は限られていく。子どもを預けたい側としては非常に悩む。

それらの問題以外のことを考えても、保育所で保育士、先生として働くのは大変なことだ。大きな保育園でも、個人経営の小さな保育所でもそれは変わらない。モンスターペアレントに直面してしまえば、どれほど苦労することか。さらに思わぬ事故が起きてしまうことだっていくらでも考えられる。子どもが好きという人は世の中に大勢いても、そうした問題を考えると萎縮してしまっても無理はない。そんなことを考えるととても大変だ。みんながみんなを恐れ始める。一歩ずつ課題の解決に向かう方法を考えてきたが、問題は次から次へと浮上する。

「マタハラ」を超えて

この章で見てきたような難しさは、制度だけの問題ではない。働く女性が妊娠、出産や育児をする立場にあり、休暇や短時間勤務などが生じたりすると、そのことを理由に解雇などキャリア上の不利益を被ったり、また抑圧されるような言動を浴びるといったことも起きている。これをマタニティ・ハラスメント(マタハラ)と呼ぶ。こうした言葉が出来上がっているほど、社会に当たり前にある問題なのだ。

休暇はだれでも欲しいものだ。いくらやりたい仕事に就いたからと言って、息抜きをしなくては破裂しそうになるときもあるであろう。しかし、怒りの矛先を出産や育児を抱える仲間に向けるなんて性格の悪い奴だと思うのは、私の見当違いであろうか。人がそもそもどうして働くのだろうと考えた時、何が真っ先に来るだろうか? 趣味と繋がっているから? 挑戦してみたいから? その中でも、やはり「お金」は重要なキーワードなのではないだろうか。ご飯を食べるにもお金は必要だし、趣味を続けるためにもお金は要る。人によっては働いてお金を得る理由はさまざまだ。お金を得るのは家族のためだというのも、立派な考えではないだろうか。

そもそも子を授かることができるのは女性だけだし、子どもの世話もしばらくのうちはしなくてはならない。誰だって母親から生まれ、育ったのだ。この先、科学・技術が発展すれば男性が妊娠することが可能になるかもしれない。でも現状では、まだそこまではいっていない。時代は常に動いて前に進んでいるが、バブルはもうとっくに終わり、父と母がともに働かなければ、生活が苦しい家庭は多いだろう。昔と比べれば、大学までは行きたいと考える人は多いだろうし、親としても行かせてあげられるものなら行かせてあげたいはず。そのためには親が頑張らなくてはならない。少子高齢化の時代では、子どもが生まれてくるのは喜ばしいことだし、そのために出産や育児をしながら働く人が増えるならば、協力をしていくべきだろう。

時代の先を行かなくてはならないとか、東京でのオリンピック開催に向けてと、未来に向けた言葉がいくら語られても、職場内の空気はそこから置いてけぼりになっている。会社によっては社員のことをただの使い捨ての戦力しか考えていないようで、冷たい。企業こそ、時の流れに敏感であるべきではないのだろうか。確かに伝統を守ることも大切であるが、あまりに古い考え方に執着していると、逆にマイナスになるような気もする。男性、特に年配の男性からの理解を得るのは、非常に難しいだろう。一心不乱に働いてきた彼らには、子育てしようとしている女性にとって何が必要なのか、見当もつかないこともあるだろう。そうした人々が上司である場合、言い返すことも難しい。それでいいのだろうか。会社全体、社員も一人ずつ、みんなで前に進まないでどうする。社会の中には、様々な年齢や価値観を持った人がいて、そんな人々が集まって生

慶本彩夏

活していることなど、わかりきったことではないか。

もし自分が育児休暇の無い時代をたくましく生きぬいて来たというのなら、そのたくましさをどこまでも引き伸ばせないのだろうか。さらに結婚も子どもも考えてない、私のような人間にとっては、ある意味やるべきことはひとつなので、突っ走るだけである。さすがにあからさまに子どもがお腹にいるからと言って弱音を吐いたり、子どもがいることを利用して楽をしようと考えたり、どこからどう見てもずるい考えを持っているようであったら、怒りの沸点も低くなるのは理解できる。いつもと変わらず業務を進めているのならば、よいではないか。子が生まれる時を、その後しばらくは母親がいなくてはならないことを、人間として許してあげることはできないだろうか。

妊娠、出産、育児を抱えながら働きたい人たちに対して選択肢を多く差し出し、上手に調整してあげれば、会社にとっても立派な戦力になるのではないだろうか。今こそ繋がりを大切にする時。みんなでみんなのことをバックアップしてあげられる、そんな会社が今、必要とされているのではないだろうか。

[引用・参考文献]
「何が問題なのか? 中央保育園移転問題」(福岡市中央区今泉)http://fukuoka-hoikuen.com/iten/mondai/
『週刊東洋経済』東洋経済新報社、2013年8月31日号
『an・an』マガジンハウス、2014年12月3日号

010

女性活躍推進法を考える

――絵に描いた餅にしないために

寺西瑞貴
大谷由貴

安倍晋三内閣が成長戦略の重要な柱として掲げてきたのが、「女性の活躍」である。２０１５年９月に施行された「女性の職業生活における活躍の推進に関する法律」、通称・女性活躍推進法はその具現のひとつだが、この法律の理念は、実際に働く女性たちにとってどのような効果があるのだろうか。本章ではその利点と課題の双方について、第１節と第２節で視点を変えつつ考えてみた。

1.「女性活躍」のための施策とは

「女性が輝く先進企業表彰」

２０１５年９月に施行された「女性活躍推進法」。この法律に基づいた企業運営によって、この先の企業や社会のあり方はどのようになってゆくのか。この先、何十年と働くであろう私にとっては、とても大きな問題である。とはいえ、法律の文言を読んだところで、政府が求めている企業像や施策など、なかなか具体的に私の頭には浮かばなかった。そこで、この法律について調べていくと、次のようなものを見つけた。

それは、「女性が輝く先進企業表彰」というものだ。内閣府男女共同参画局のホームページでは、「この表彰は、女性が活躍できる職場環境の整備を推進するため、役員・管理職への女性の登用に関する方針、取組及び実績並びにそれらの情報開示において顕著な功績があった企業を表彰するもので、「女性が輝く社会」の実現に寄与することを目的としています」と説明されている。

表彰の種類・対象には、

①内閣総理大臣表彰：極めて顕著な功績があったと認められる企業
②内閣府特命担当大臣（男女共同参画）表彰：特に顕著な功績があったと認められる企業

のふたつがあるという。２０１４年度から実施され始め、第一回の表彰は２０１５年１月９日に安倍晋三首相も出席し、総理大臣官邸で行なわれた。

この表彰に選ばれた企業が行っている施策こそが、女性活躍推進法に基づいており、他の企業も行うべき、または行うことのできるものであり、政府が同法に期待することなのではないか。いくら理想的な法律であったとしても、企業にとって実施するのが難しい施策では現実的でない。第一回の表彰で対象になっているものは、まだ法案が成立する前にすでに企業が実践できていたアイディアということになるのだ。

では具体的にどのような企業が表彰を受けたのだろう。まず、「内閣総理大臣表彰」の表彰を受けた企業は、株式会社セブン＆アイ・ホールディングスと株式会社北都銀行であった。そして、「内閣府特命担当大臣（男女共同参画）表彰」に表彰された企業は、カルビー株式会社、株式会社資生堂、有限会社ゼムケンサービス、日産自動車株式会社、株式会社ＬＩＸＩＬグループであった。事前に私は、表彰を受けるのは誰もが知る大手企業ばかりではないかと予想していたが、必ずしもそういうわけでもないようである。

女性管理職比率

次に、内閣総理大臣表彰を受けた企業のどのような取り組みが評価され、表彰に至ったのかを見ていきたい。

はじめに、株式会社セブン＆アイ・ホールディングスの取り組みの中から、いくつか見てみよう。表彰を受けての取り組み紹介文の中で同社は、「店舗を利用されるお客様の多くが女性であることから、女性をさらに戦力化することにより、お客様満足の向上につながると考えています」と述べている。多くの企業で、女性の活躍を推進することにより得られる利益はこれではないかと私は思う。女性らしい発想や、実際のユーザーの声などが採り入れやすくなるはずだ。

また、２０１２年に同社は、「セブン＆アイグループダイバーシティ推進プロジェクト」を発足させた。このとき、２０１５年度までの四つの目標が立てられた。それは、①女性管理職比率を課長級以上で20％・係長級以上で30％達成、②男性の育児参加促進、③従業員の満足度向上、④社会的評価の向上というものである。２０１４年２月末には、女性管理職比率課長級20％を実際に達成したという。よく見かける「女性管理職比率○％」という数値目標を、実際に達成している企業があることを知ると希望が持てる。

育児との向き合い方

管理職に就くには、それなりの年数、継続して働くことが不可欠であろう。しかし、女性は出産、子育てなど仕事との両立が難しい現状があり、また職場からの理解を得ることもなかなか難しいのではないかと思う。そこで、セブン&アイ・ホールディングスでは、2012年7月より、育児中の女性のネットワーク構築を目的とした「ママ'sコミュニティ」という交流イベントを開催している。活動報告には、「昼休みを利用して、仕事と子育ての両立についてディスカッションを行い、社員のモチベーションアップや不安解消を図っています。また、コミュニティ活動の中で、子育て経験や生活者視点を活かした商品のモニタリングも毎回実施し、商品開発に活かしています」とある。この企業であるからこそできたことかもしれないが、同じような消費者をターゲットとした企業にも取り組んでもらい、会社の利益につなげていってもらいたいと思う取り組みである。

子育て中の女性が活躍するにはもちろん男性の子育て参加が必要である。そこで同社は、2013年10月から、子育て中の男性社員を対象とした「イクメン推進プログラム」を実施している。その他に、2014年6月からは、NPO法人「ファザーリング・ジャパン」による講演やワークショップなども行い、男性の働き方の見直しや育児参加意欲の向上に取り組んでいるという。

次に、同じく内閣総理大臣表彰を受けた、株式会社北都銀行の取り組みを見ていきたい。北都銀行では2012年に、「Plan30」という方針を発表している。これは2018年3月31

日までに、女性管理職比率を30％まで引き上げることを経営トップが表明したものだ。同銀行では、２０１１年4月に企業内保育施設「ほっくんキッズハウス」を設置、２０１２年9月に女性サポートチーム「ＲｉＳＥ」を発足、２０１４年2月に女性行員向け企業内大学「Women's College」開校、同4月に若手女性行員が中心となって企画した役職員向け英語講座「English College」創設、２０１５年1月には男性管理職向け「イクボスセミナー」の開催といったように、女性活躍推進の取り組みを着実に積み重ねている。２０１４年7月には「女性活躍推進室」も作られ、女性の能力を発揮できる企業風土づくりや環境整備を行っているという。

この中で特に私が注目したのは「ほっくんキッズハウス」そして「イクボスセミナー」である。企業内に保育施設があることで、働きながら子育てをする女性男性ともに安心することができ、また「子育てしながら働く」ことが普通であるような環境づくりにも一役買っている。「イクボスセミナー」はその目的として、「多用な人材をマネジメントする能力向上、並びに男性管理職の意識改革」を掲げている。「イクボス」という言葉はこのセミナーで初めて目にしたが、確かに上司が男性であろうと女性であろうと、子育てに意欲的であれば子育て中の部下も働きやすく、二人目、三人目の子どもを産みやすい環境となるのではないだろうか。

ステレオタイプを乗り越えること

この二社に共通している男性向けの取り組みを、私はとても大切であると思う。現在の日本には、「女性は家庭へ、男性は仕事へ」といった固定観念がいまだに根強くあると感じる。こうした意欲向上、意識改善の地道な取り組みこそが、少しずつ女性が活躍しやすい日本社会を作っていくのではないだろうか。

そして、根本的な意識を変えていくことができるのは、教育ではないかと思う。私は大学で理系の学科に所属したが、これから社会に出て働いていく中で、おそらく周りの同僚には男性が多いと考えられる。はたして働きやすい環境に身をおくことができるのか、正直不安である。どんなに企業が制度を作ったとしても、その取り組みだけで人の心を変えることができるのかはわからない。

２００９年10月の「女子中高生の理系進路選択支援事業に関する既往調査データ収集作業報告書」に、学部系統別の男女比のデータがある。それによれば、理工系では男性が82・8％、女性が17・2％と、他学部と比べてもダントツで女性の割合が低い。業種別にみると、女性部長比率が低いのは1位「水産・農林業」を別にすると、2位以降「鉱業」「建設業」……と機械系が並んでゆく。そして、その順位が一番低い、つまり女性部長比率が高いのは「サービス業」「不動産業」「金融業」「保険業」などである。女性が多いところにはやはり女性部長が多く、また女性にとって働きやすい場所なのではないかと思う。

学生期に強く印象づけられる〝理系＝男子〟。これこそが現在の状況を作り上げ、女性が働きにくそう、入りにくそうな環境を作り上げているのではないだろうか。日本が世界に誇る技術力。その分野で女性が活躍することも大切であり、これから世界で戦ううえで、女性が企業にあたえる伸び代は大きいと思う。教育、行政、マスメディア等が連携し、現在日本にあるステレオタイプを制度とともに人の内側から変えていくことが、一番の女性活躍推進法案だと私は思う。

寺西瑞貴

2. すべての女性に優しい活躍推進法のために

「スーパーウーマン」だけに優しい法律？

女性活躍推進法の内容や、それに対する各専門家の分析を見ていくうち、今までなんとなくイメージとして聞いてきたこの法律が、本当に女性のためにあるものなのか、疑問に思える部分も出てきた。表面上、つまり字面だけを追えばかなり女性への待遇が改善され、女性がより働きやすくなる社会が将来的に期待できるかのように思える。

しかし、今の実情を考えてみたとき、果たしてこの法律はすべての女性にとって望ましいものなのだろうか。

雨宮処凛によれば、この法律は、バリバリ働いていて、さらに子どもを育てることのできる「スーパーウーマン」にだけ優しい法律ではないかという。つまり、毎日を生きることで必死な女性には適用されないどころか、明らかに困窮する事態になってしまうというのだ。具体的にはどういうことなのか。実際に、話題になっている「女性管理職30％」という目標と、それに関連する「配偶者控除」の面から検討してみることにする。

管理職30％という目標

まずは、女性の管理職の割合の見直しについての項目に注目してみよう。内閣府男女共同参画局の資料によると、日本再興戦略の推進として、２０２０年までに指導的地位に占める女性の割合を少なくとも30％程度にするという目標が定められたという。この目標は、一見斬新に見えるし、女性のことを考えているようではある。しかし、実際に見てみるとかなりもろ刃の剣であると考えられる。

確かに、同局によれば女性の指導的地位の割合は２０１２年で11・6％と、世界で考えれば低い数値であることは明らかだ。しかしそれ以前に、女性が正社員で働いている割合自体が低いということを考えてみよう。事実、日本では昔から「男性が働き、女性は家を守る」というように、あまり女性がバリバリと働くという文化がなかったこと、またそういった古い考え方に固執するものの、働かざるを得ないというジレンマを抱えていることも影響してか、女性が働いている割合は徐々に増え続けているものの、女性における正社員の割合は男性に比べて明らかに低い。

また、女性は生活の中で家事などを任される機会が多いことも影響し、この傾向にさらに拍車がかかっているように思われる。そのような現状では、女性管理職30％はかなり厳しいのではなかろうか。むしろ、そういった状況下では、女性にとってこの女性管理職30％という目標は助けになるどころか障害になる可能性がある。なぜなら、企業は女性管理職比率上昇のために、国籍を問わず「優秀な」女性を登用することが求められる可能性が出てくるからである。もしも国籍を問わなければ、日本の女性が管理職として職に就くどころか、正社員として働く際の競争率も上がってくる。そうして結局は日本の女性はより一層非正規雇用や派遣社員といった形での雇用に苦しむことになるのである。

いくら女性の管理職を30％にするとはいっても、「優秀ではない」女性は不必要とされるだろう。つまり企業側には、「男性並み」に仕事（社会）に自分をささげられる女性を探す必要が出てくるのである。政府はそういった国際的な雇用なども視野に入れているのかもしれないが、今現在非正規雇用や派遣社員として働いている多くの女性にとって、この目標数値はまったくポジティブな意味をもたないのではないだろうか。

配偶者控除

この問題に関連して着目したいのが、配偶者控除についてである。２０１６年度の税制改正大綱では、「配偶者控除などの各種控除や税率構造の一体的な見直しを丁寧に検討する」という記述にとどまっているが、将来的に税金を支払うはずの労働者人口自体が減少していけば、その見直しはそう遠い未来のことではないことが明らかである。

内閣府は、配偶者控除のせいで女性の働く意欲を削いでしまっているという指摘をしている。

この指摘は正しいのだろうか。現状を見る限り、その場合もあるし、そうでない場合もあるという曖昧な答えしか出せないのではないかと思う。

事実、「年収が103万円を超えてしまうからパートの量を減らす」といった事例も挙げられていて、ある意味で配偶者控除が女性にとってのネックとなっている。しかし、その配偶者控除をなくしたからといって、女性が働きやすくなるかといえば、明らかに答えはNOである。むしろ、配偶者控除があったからこそ女性は仕事と家事を両立してこられたという面もあるだろう。その「103万円の壁」をなくすことと、女性の正社員の割合、また管理職の割合が増えるかということは別問題なのである。

「男性化」ではない女性活躍推進法のために

ここまで、女性管理職の問題、また配偶者控除見直しの問題といった点に着目して女性活躍推進法について見てきた。この分析を通して見えてきたのは、この女性活躍推進法は、女性のことを考えるというより、単に労働者人口を補うために、女性を追い込むものでしかないのではないかという疑念である。「男は仕事、女は子育て」などという考えに固執する者もまだまだ多い中で、この法律が運用されていけば、女性は「男性化」し、さらに子どもを産まなくなっていく。そうなっていけば、ある面で「女性／男性」の違いなどがなくなっていくであろう。これは極論だと思うかもしれないが、「男性化」した女性、雨宮のいう「スーパーウーマン」にしかこの法律は利益にならない。そんな「スーパーウーマン」は、一握りしかいない。今を生きることで精一杯な非正規雇用の女性たちがいかに自分の生活と仕事を両立して楽しい人生を生きられるか。そうした視点に立ったうえで女性活躍と銘打つのでなければ、この法律は机上の空論にしかならないのではないだろうか。

大谷由貴

［引用・参考文献］
内閣府男女共同参画局「成長戦略としての女性の活躍推進」http://www.gender.go.jp/kaigi/renkei/ikenkoukan/63/pdf/12.pdf　「就労の場における女性」http://www.gender.go.jp/about_danjo/whitepaper/h25/zentai/html/honpen/b1_s02_02.html　「女性が輝く先進企業表彰2014」http://www.gender.go.jp/policy/mieruka/company/hyosyo26.html　「同　セブン&アイ・ホールディングス」http://www.gender.go.jp/policy/mieruka/company/pdf/hyosyo_01.pdf　「同　北都銀行」http://www.gender.go.jp/policy/mieruka/company/pdf/hyosyo_02.pdf
セブン&アイ・ホールディングス「CSR」http://www.7andi.com/csr/index.html
北都銀行「NEWS RELEASE」（平成27年1月9日）　http://www.hokutobank.co.jp/news/pdf/20150109.pdf
カルビー株式会社「特集1　社会・環境活動　食の安全・安心に向けて〜正しいことを正しく〜」http://www.calbee.co.jp/csr/feature1/
資生堂グループ企業情報サイト「ダイバーシティ&インクルージョン　労働慣行　CSR／環境」http://www.shiseidogroup.jp/csr/labor/diversity.html
日産自動車株式会社グローバルサイト　http://www.nissan-global.com/JP/
株式会社LIXILグループ「多様性と機会均等」http://www.lixil.com/jp/sustainability/people/equal_opportunity.html
内閣府男女共同参画局「平成26年度　女性が輝く先進企業表彰・表彰企業紹介」http://www.gender.go.jp/policy/mieruka/company/hyosyo26.html
株式会社ノルド　社会環境研究所「女子中高生の理系進路選択支援事業に関する既往調査データ収集作業　報告書」http://www.jst.go.jp/cpse/jyoshi/dl/sankou_pdf1.pdf
東洋経済オンライン「「女性部長」が多い企業はどこか?」http://toyokeizai.net/articles/-/30763?page=3
ダイヤモンド・オンライン「なぜ女性管理職は増えないか「30%目標」を遠ざける〝日本的雇用慣行の疾患〟」http://diamond.jp/articles/-/58617?page=3
NEWSポストセブン「雨宮処凛　女性は輝きなんか求めていない、欲しいのは安心」http://www.news-postseven.com/archives/20150114_297896.html

011

女性の労働環境を再確認する

——男女平等は実現されるのか？

堀場美咲

「女性活躍推進」が叫ばれる中、その最低限の条件のひとつとなるのが、男女間の賃金や雇用の格差を埋めていくことだろう。かつての性別役割分業の意識がいまだ社会に根付いている中で、現状をどのように改革していけばよいのだろうか。本章では、女性の就労をめぐる困難について整理しながら、男女間の労働環境の格差や差別、あるいは古い性別役割を再考していく。

1. 女性の就業環境

不平等な雇用形態

男女平等を追求することは、男女差別の是正にとどまらず、人間の尊厳を求めるものである。これまで、その尊厳を求めて多くの労働者や市民が、裁判などを通じてその意義をつかみとってきた歴史がある。

しかし、女性労働者に対しての差別は現在まで、定年制や賃金だけでなく募集・採用から配置や職務権限、退職にいたるまでのあらゆる労働条件に及んでいる。

そもそも、かつては労働に関して男女差別の禁止がうたわれていたのは、労働基準法第4条「使用者は、労働者が女性であることを理由として、賃金について、男性と差別的取扱いをしてはならない」しかなかった。そのため、労働者の募集から退職まで雇用のすべてのステージにおいて、男女差別を禁止する法律作成が求められていた。

そうした社会の要請を受けて1985年には男女雇用機会均等法が成立する。しかし、それは募集・採用・配置・昇進についての男女平等の努力義務規定に過ぎず、その後企業はしばしばコース別人事制度を導入し、「人材活用の仕組みが違う」のだとして、実質的には男女差別が温存された。そのような状況には、「一見、性に中立的な制度や慣行でも、圧倒的に一方の性が不利益を被るものは間接差別として差別禁止の対象にすべき」といった、労働者からの声もあがった。

一方、男女雇用機会均等法の成立と同時に、「男女平等であるならば」と、それまで労働基準法にあった、女性労働者の母性保護を目的とした女性労働者の深夜・時間外労働時間を規制する、女性保護規定の撤廃が財界から提起された。また、1985年には「男性並みに働けない女性のために働き方のバリエーションを増やすことが必要」という名目で、労働者派遣法が成立した。当時すでに女性の業務は雑務が中心とされていた環境に加え、この法律は女性労働者を正規労働から疎外することにもなっていった。

2014年の総務省統計局「労働力調査」によると、女性は正規の職員・従業員が1019万人。前年度と比較すると8万人減少しており、一方で非正規雇用者（パート・アルバイト・派遣労働社員）が1332万人であり、36万人の増加となったという。同調査によると男性の非正規労働者630万人が非正規で雇用された理由は、ひとつ目が正規の職員・従業員の仕事がないから、ふたつ目が、自分の都合の良い時間に働きたいから、となっている。女性の非正規労働者1332万人の方では、大きく分けて、「自分の都合の良い時間に働きたいから」と、「家計の補助・学費を稼ぎたいから」となっている。この女性特有の理由には、男性が生計者、女性は家事・育

表1　雇用者に占める非正規就業者の割合

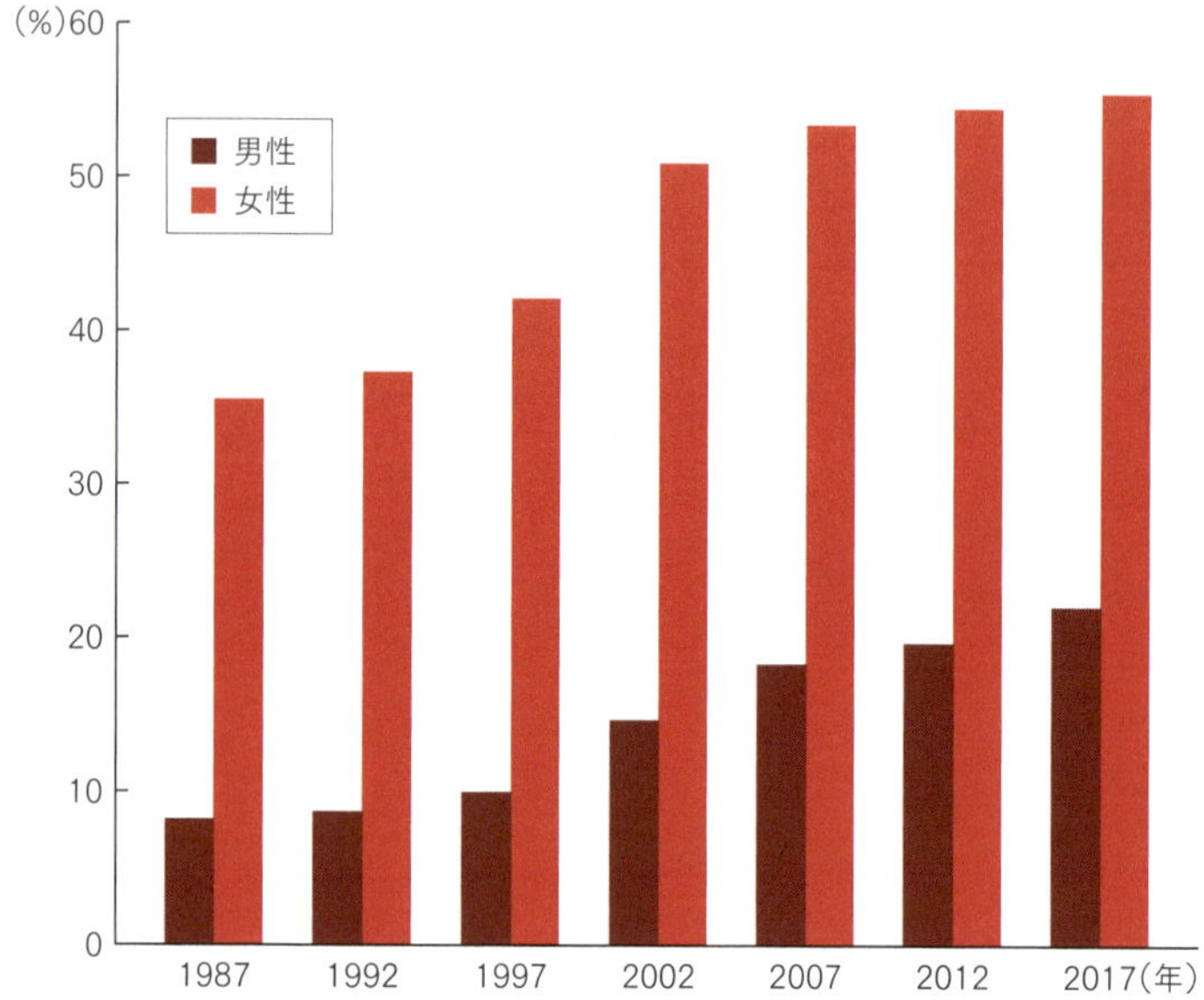

総務省統計局「労働力調査」「就業構造基本調査」より作成

児を担うという役割が強くあることもうかがえる。労働者派遣法が成立した1985年に、年金の第三号被保険者制度が整えられていることも、こうした男女の役割分担を強化するものだっただろう。

女性とワーキングプア

私たちの親世代が働き出した頃はちょうど、産休・育休制度が誕生した時代であった。幼い頃、母から「あの時（妊娠時）退社しなかったら、今頃もっと充実した働き方ができたのに」という愚痴を聞いたことがある。男女雇用機会均等法が制定されて30年経ったが、この間、妊娠・出産を契機に離職する女性労働者は横ばいで、約6割である。また、女性労働者に占める非正規労働者の割合は現在約6割、大卒女性の初職の約5割が非正規労働者となっている。

家事の責任の大部分を抱え、あるいは妊娠とともに離職したことで男性並みに長時間働ける環境でない女性たち、または賃金差別に甘んじざるをえない女性たちは、一般職および非正規雇用を選択するほかない状況になってしまうのが現状である。

この結果、女性の獲得する賃金は男性の半分に過ぎず、2014年9月発表の国税庁「民間給与実態調査」では、男性の平均年収511万円に対し、女性の平均年収は272万円にとどまっている。そして女性の約45%は、ワーキングプアと呼ばれる200万円以下の年収になっている。女性を一人前の労働者とせず、男性を生計者とみなす前提のもとに、世帯単位で設計される労働法制や社会保障制度の不備が、女性の自立を阻み、女性の貧困を生む一因になっていることが想像できる。

女子大生として就職活動を経験した私たちから見ても、就活中に社会の厳しさと同時に感じるのは、応募できるほとんどの職種が一般職に限られているということである。厚生労働省の「平成25年国民生活基礎調査」によれば、母子世帯の平均稼働所得(稼働所得とは、国民生活基礎調査で定められた所得のこと。雇用者所得・事業所得・農耕、畜産所得・家庭内労働所得などを指す)は179万円にすぎず、臨時雇用やパートといった形態で働く人が約48%を占めている。最低賃金も低いため、働く母子家庭の方が働いていない母子世帯よりも貧困率が高いという現象が生じている。

このような実態は、２０１４年放送のＮＨＫ「クローズアップ現代」の特集「女性たちの貧困」でも取り上げられた。番組では、子育て真っ最中のシングルマザーや、正規雇用にチャレンジしたものの労働時間や託児所等の問題によって結局非正規雇用に戻ってしまう女性たちをとりまく状況が映し出されていた。女性たちがワーキングプアに甘んじざるを得ない現状は、このようにさまざまなかたちで見ることができる。

国際的にみた女性の賃金水準

また、国際的な比較の面から見ても、日本のシングルマザーの貧しさは際立っている。２０１２年のＯＥＣＤ「Closing the Gender Gap：Act Now」によると、「子どもあり」世帯の男女賃金格差では日本は61％と圧倒的にトップで、次いで韓国の46％、第三位がエストニアの30％となっている。男女で賃金格差が生じてしまう原因は、働く母親の場合、①残業ができない、②賃金の高い役職に就けない、③出産退職後の再就職が多いなどが挙げられる。ＯＥＣＤが調査した統計はフルタイム労働者が対象なので、フルタイムではない非正規労働者の場合は、この結果よりもさらに格差が大きくなると予想される。

この点を掘り下げるために比較したいのが、「フルタイムに対するパートタイムの賃金水準の割合」である。この項目を見ると、日本が57％であるのに対して、ヨーロッパ諸国は80％になっている。ちなみに、アメリカは日本よりさらに低く、30％になっている。ヨーロッパ諸国でパートタイム労働者の賃金水準がこれほど高くなっているのは、同一労働同一賃金の原則が確立しているためである。日本とアメリカでパートタイム労働者の賃金が安くなっているのは、最低賃金が設定されていることが要因になっていると考えられる。

国連社会権規約委員会は、日本についての報告の中で「最低賃金の平均水準が最低生活水準（または生活保護水準）を下回っていること、さらに生活費（物価）が上昇していることに懸念を表明する」と指摘している。女性の貧困に代表されるこうした問題点の解決策を提示しないままの「女性の活躍推進」は難しいだろう。

2. 女性のスキル活用・女性の貧困リスク

「高スキル主婦」の掘り起こし

ＮＨＫ「クローズアップ現代」の特集「主婦パワーを生かす ①〝高スキル主婦〟が中小企業

を救う」の放送回（2014年）では、女性が主婦を経験したのちにも活躍できる雇用形態に着目している。番組では人材派遣会社から派遣される女性が中小企業でパートとして働く様子を追っているが、ここでのポイントは「高スキルを持つ主婦」を掘り起こすという点である。2013年からは経済産業省・中小企業庁・全国中小企業団体中央会によって、中小企業のニーズと高スキル主婦をマッチングする「中小企業新戦力発掘プロジェクト」も開始された。最大3か月の職場実習の後、主婦は採用されて、その間の費用は国が負担する。

番組で示されたような高スキルを持つ主婦たちがこれまで再就職できなかったのは、チャンスがなかったためである。特定の資格を保持した専門職の需要がある一方で、一般職として企業で働いていた人は自分の能力に見合う就職先が見つからなかった。しかし、新たなアイディアを持った被雇用者を掘り起こそうとする企業側のアクションによって、主婦をしていた女性たちが活用されるようになった。

一旦仕事をやめて主婦業をしていた女性が再び働くためには障壁もある。たとえば、長年家事に従事していた生活から以前と同じように仕事ができるかという女性本人の不安、残業を強いられるかもしれない中での家事育児との両立への不安、家族の家事分担などがそれである。こうした懸念に対して、少しずつ新たな職場に馴染んでいくための過程をサポートするのが人材派遣（仲介）業者である。人材派遣業のバックアップによって、自然な仕事への参加を促し、短期間での退職も予防することができる。人材派遣業の急速な拡大にはこのような背景がある。

就労することの困難――最貧困女子

しかし、こうした「高スキル主婦」のように順調に就労できるケースばかりではない。退職後に主婦として生活していた女性が強みを活かして働けるケースとは対照的に、安定的な就労ができない女性がさらに生活困難に陥ってしまうことも多い。後者の問題は深刻である。

鈴木大介『最貧困女子』からうかがえるのは、社会の中で可視化されていない貧困層の女性が多数存在するということだ。貧困とは、単に「カネ」を持たない「貧乏」な状態とは異なる。性風俗業は「女性ならではの仕事」ともいえるが、性風俗業や売春をしていることは一般に自己責任として扱われることが多く、時に非難されがちである。しかしながら、実は彼女らはそもそも社会から切り離されてしまっていたり、知的発達障害を持っていたり、生きていくモチベーションを持ちにくいといった困難を抱えて、やむなくそうした業種に従事していることが多い。そのような女性たちのことを鈴木は最貧困女子と呼ぶ。

最貧困女子たちは、家族・制度・地域から切り離された「三つの無縁」状態にあり、またその多くの人たちが精神障害・発達障害・知的障害の「三つの障害」の当事者か、それに近いボーダーライン上にあると鈴木は述べる。風俗業にも階層があり、携わる女性のすべてが最貧困とは限らない。そこで働くためにも社交性を持ち合わせているかなどの能力によって環境は大きく左右され、そうしたものにも恵まれていない者が最貧困女子に当てはまるという。二人の子どもを持つシングルマザーのケースでは、その負担は特に大きいようだった。しかし、「子どもに対して生きがい」があると感じる母性によって、他の「最貧困女子」よりも人間らしい働き方を持っているようにも感じられた。ともかく、女性の就労について考える時には、こうした環境下にある人々のことも視野に入れながら、就業支援や生活保護が受けられる制度などを模索していく必要がある。

3. 市場の視点からみる女性就業率上昇の利点

ここまで、女性の就業環境について見てきたが、今度は視点を変え、女性の収入の増加、生活の向上は市場的な観点からはどのような効果が見込まれるのかを考えてみたい。三菱総合研究所主任研究員の片岡敏彦は次のように整理している。

男性の就業者数がピークにあるのに対し、女性就業者は将来的に増加が見込まれる。女性の就業率が上昇すれば、女性が所得つまり購買力を持つようになっていく。給与所得者の給与全体においてて、女性の給与が占めるシェアは、2010年には全体の四分の一にまで拡大している(表2)。

女性の消費に着目すべき、次のようなデータもある。単身世帯においては、30歳未満女性の可処分所得は男性よりも高くなっているのだ。これは、女性の高学歴化が進み、大学を卒業してから就職する女性が増加したことが影響している。大学新卒で就職した人の数はこの20年の間、男性では減少しているのに対し、女性では2倍にまで増えている。大学に進学する女性が増加したことで、女性の所得は底上げされたのだ。

一方、既婚世帯に目を向けると、夫婦間においては物品の購入決定権を妻が持つにあり、夫が使用する電気機器でさえも妻が購入を決定する割合が4〜6割であるという。また、「ヒモになる」というイディオムが使われるとき、その対象者はほとんどの場合男性であったり、「財布のヒモを握る」という枕詞がでてくると女性のしっかりした管理力がイメージされることなどを考えても、男女間での財政の鍵を女性が握っていることがうかがえる。

また、特徴的なのは、同じ水準の年収の男女(単身世帯)を比較すると、平均的に女性の方が消費傾向が高いという点だ。さらに全国消費実態調査からうかがえるのは女性は男性に比べて、食費は少ないが、交際費の支出が多いという傾向である。普段は、自炊やお弁当持参で食費を抑えるが、たまに開催される女子会などの友人との交際にはお金をかける、といったライフスタイルが垣間見える（表3）。

片岡はこのような傾向から、①働く女性の増加による女性の所得の向上、②家計の購買決定者が女性であること、③女性は消費性向が高いことという三つの要因によって、女性には高い消費パワーが生まれているとまとめている。こうした市場的な観点から、女性と経済力について考えてみることもまた有効だろう。

おわりに

はじめに記したように、労働基準法第4条では、「使用者は、労働者が女性であることを理由として、賃金について、男性と差別的取扱いをしてはならない」として、賃金差別をすることを禁じている。しかし、実態としては法律が十分に活かされておらず、賃金差別と呼べる状況は続いている。また、「男は外で猛烈に頑張り、女性は家庭を守る」といったような、古い性別役割分担の意識は近年、若い世代でも増加傾向にある。これは、日本の労働環境全体が厳しい現状にあることとの反映と言えるかもしれない。しかし、男女共同参画基本法が基本的な理念として掲げている、ディーセントワーク（人間らしいまともな働き方）を男女ともに確立するためには、古い性別役割分担意識の変革が不可欠だ。これは、雇用者（経営者）の側が心がけるのは当然のことながら、男女労働者それぞれも意識しなければならない。もちろん、そうした意識の形成が必

表2　給与所得者の給与総額に占める女性の給与の割合

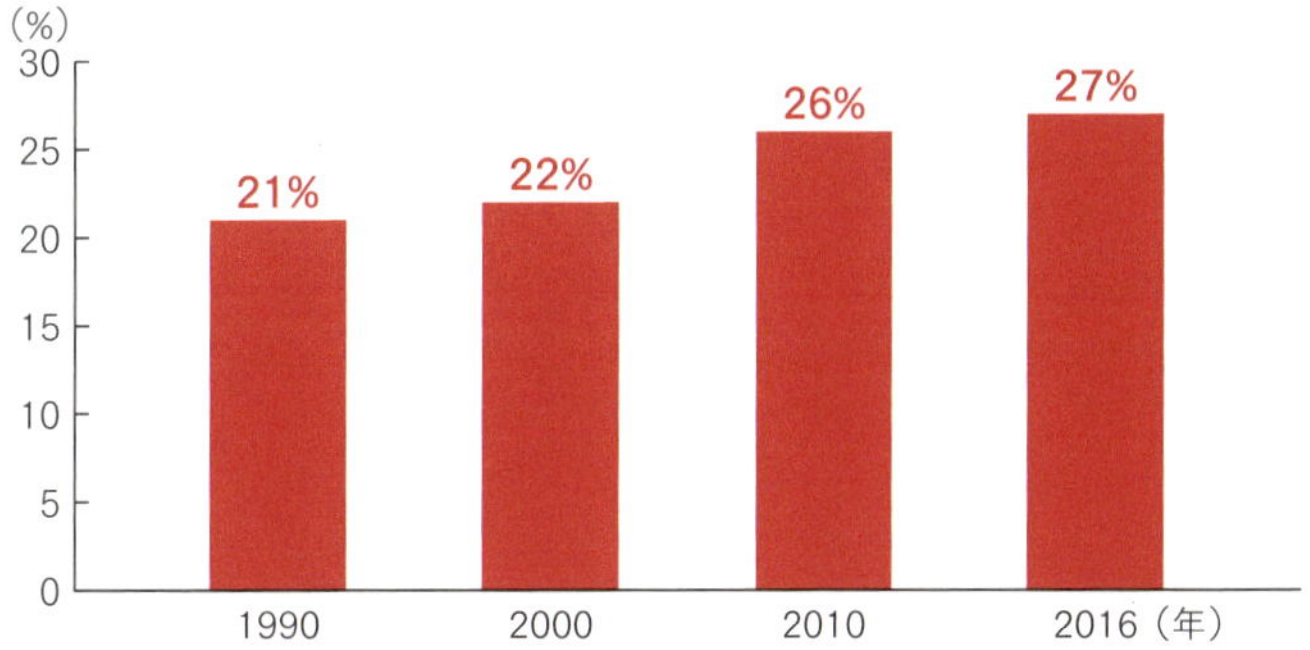

国税庁「民間給与実態統計調査」より作成

表3　支出に占める交際費の割合(年収階層別・単身世帯)

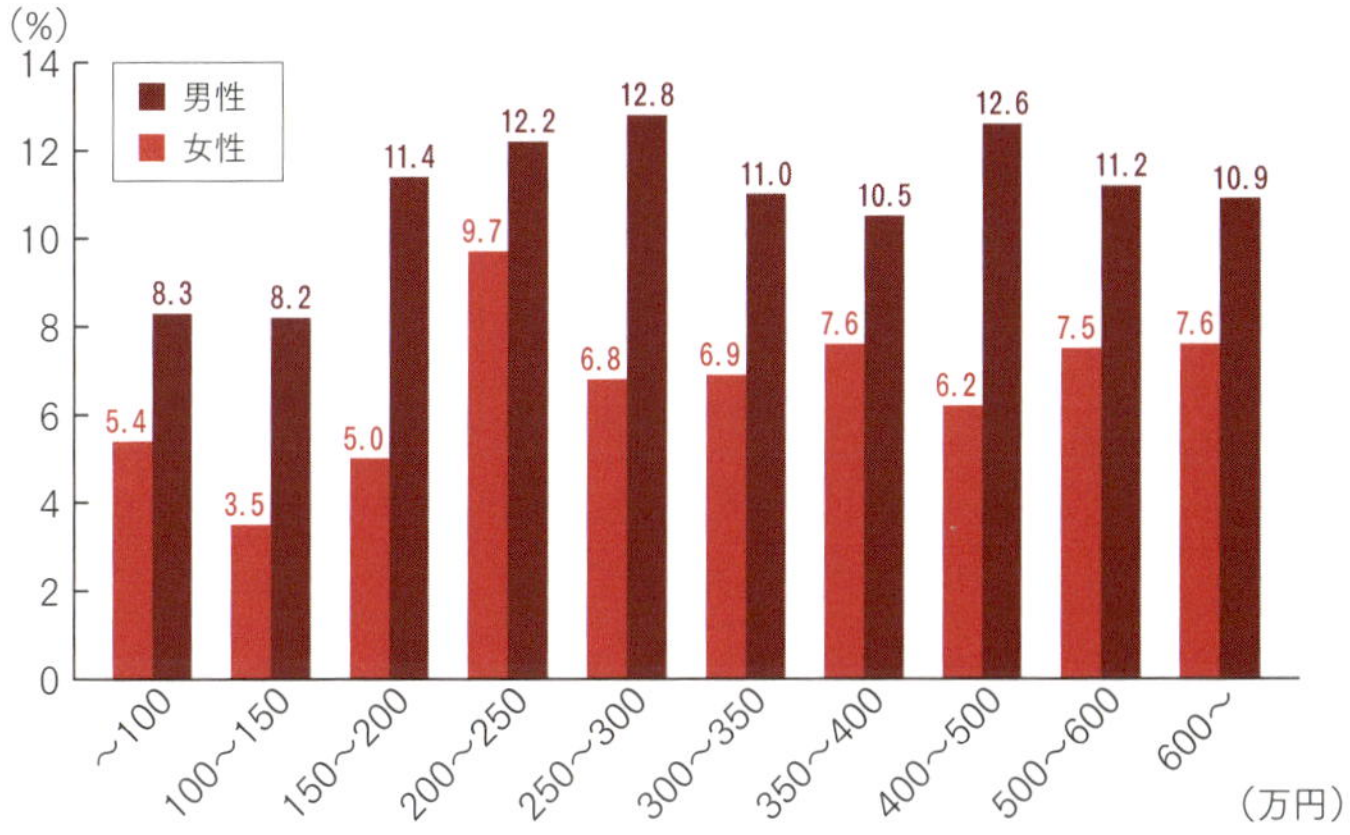

総務省統計局「全国消費実態調査」(2014年)より作成

要なのは、労働の場だけではない。たとえば、行政や政治家が、教育現場やジェンダー平等に関する扱いに否定的な干渉を行うことがあったりすれば、未来を担う子どもや青年が「女性活躍推進」の考え方を育んでいくことを阻害してしまうに違いない。教育が担う役割も大きいだろう。

［引用・参考文献］

厚生労働省「国民生活基礎調査」2013年版

総務省統計局HP「労働力調査」http://www.stat.go.jp/data/roudou/index.htm

ダイヤモンド・オンライン「増える働く女性、高い消費性向…女性市場が注目される3つの理由――三菱総合研究所主任研究員　片岡敏彦」http://diamond.jp/articles/-/32571

『経済』No・234、新日本出版社、2015年3月

鈴木大介『最貧困女子』幻冬舎新書、2014年

discussion_2

［討議 その2］

アファーマティブ・アクションて、なんですか？

出席者　岡部帆乃香、黒田美樹、齋藤夏乃、高室杏子
司　会　萱野稔人

安倍晋三政権の主要政策のひとつ「女性活躍推進法」にともなって、企業にも女性活躍のための行動計画策定が求められるようになった。この方針を考えるときに鍵となるのが、社会に存在する格差や差別を是正するための積極的な優遇措置を指す「アファーマティブ・アクション」という言葉だ。これにはどのような意義があり、そして問題点はどこにあるのだろうか。ディスカッションを通じて考えてみよう。

管理職になりたい？

萱野　安倍政権の目玉政策のひとつとして、2015年9月に女性活躍推進法ができました。安倍政権では、「社会のあらゆる分野において、2020年までに指導的地位に女性が占める割合を少なくとも30％程度とする目標」を掲げています。その目標を実のあるものにするために作られたのが、女性活躍推進法です。

少子化の影響で、高齢者が増える一方、労働人口、いわゆる現役世代の数が減っていくと、税金を納める人が少なくなってしまいます。けれども、高齢者は増えるから社会保障費はどんどん必要になる。そうなると財政がもたないので、働く人を増やしましょう、働いていない人の割合も多かった女性がより働きやすいようにしましょうということです。

このように、格差を是正するために割り当ての優遇措置などを行うことを、クオータ制やアファーマティブ・アクション（積極的差別是正措置）と呼びます。このような措置は、実際にどこまで必要なのかということを、ここでは議論したいと思います。まず、皆さんは管理職になりたいと思いますか？

岡部　なれるならなってみたいです。面白そうですよね。キャリアプランニングという言葉がありますけど、「キャリア」って「仕事」だけじゃなくて「人生」っていう意味でもありますよね。人生の中で自分がステップアップできる機会があるならば、それを選びたいということです。

高室　管理職になると、一緒に働く人が仕事と私生活の両立をできるような環境を作る立場になれるのではないかと思うので、女性が管理職になることにはそういう意味もあるかなと思います。自分のキャリアだけじゃなくて、他の人のキャリアもプラスに持っていけるんじゃないかな。ただ、そういう役職に見合う能力があるか、まだわからないけど。

黒田　管理職になれば、それだけ仕事にやりがいが出てくるだろうなとは思うんですけど、たとえば結婚したりすると考え方が変わりそうな気もします。今の立場からいえば仕事を続けたいし、管理職などについても男女平等にしてほしいと思います。だけど、子どもができたりした場合、家にお母さんがいないと寂しいだろうし、自分自身、子どもと一緒にいたいと思うだろうから。そうなったら、一旦仕事を離れるのもありって思うようになるのかなって。

萱野　もし仕事と家庭を両立できるなら、出世して管理職になりたいと思いますか？

黒田　そうですね。それだけお金ももらえると思うし（笑）。

齋藤　なれるのであればなりたいです。私は地元の静岡に帰って就職することを選んだんですけど、それは結婚後に浜松に住みたいという考えがあったからです。東京で働いて、結婚してから浜松に戻ると、そこでまた新しくキャリアを築くことになる。だったら最初から浜松で着実に一歩一歩進んでいった方が、自分の思うキャリアが積めるんじゃないかなと。

数値目標は必要ですか？

萱野　ここにいるみんなは、管理職になってみたいと考えている。ただ、現状を見ると日本の女性の管理職率は低いんです。男女雇用機会均等法の施行から30年が経過しましたが、女性の管理職比率は7・5％程度です。また現在、女性の労働者の約半数が非正規雇用、出産や育児を機に離職する女性も多い。これは「男性がハードに働き、女性が専業主婦になる」というモデルが習慣になってきたことと深く関わっていますが、このあり方を変えないと女性の管理職比率も上がりません。そこで次に聞きたいのは、女性の管理職比率を引き上げるために、政府が言っているように数値目標を掲げるべきだと思いますか？

黒田　目標は作ったほうがいいと思う。

高室　でも、無理やり上げようとするものでもないとも思います。家族を持ってそちらの生活を大切にしたいとか、ハードに働きたくない人を無理やり、目標のために管理職に就かせて働かせるのは違うかな。

黒田　目標を入れるべきとは思います。でも、責任が伴う管理職になるんだったら、どうしても他の人より拘束される時間が増えたり苦労したりすることになる。だから、そんなに簡単なことではないなと思います。

萱野　管理職になるということは仕事上、人員に穴が空いたり期日に間に合わなかったりという時に、自分が尻拭いをしなきゃいけないということですからね。

岡部　そこは、0か100で考えるのではなくて、私はこれをやったからあなたはこれをやって、というようなバランスを作っていくのが理想なのかなと思います。最初から「尻拭いをしないといけない」、「結婚と私生活の兼ね合いはこういう形が絶対」みたいに決めちゃうと苦しいから。それから、日本では、「男性は仕事、女性は家庭」という役割で成り立ってきた面がありますけど、それは時代に合わなくなってきたから変える必要がある。変えることって痛みも伴うものですけど、でもそれを乗り越えた先に、皆が自分のライフスタイルを叶えられる時代が来るんじゃないかな。

男じゃないと信用されない？

萱野　数値目標を掲げることは、そういう社会を目指すことになるということですね。

次に、少し角度を変えて考えてみましょう。女性管理職を増やすためには、そもそも管理職になりたいと考える女性が多くいなければ実現できない、という側面もあると思います。しかし実際、管理職を目指す女性の割合が少ないという調査もあります。たとえば、管理職を目指す女性の割合が数値目標に比べて少なかったとして、それでもやはり数値目標は設定すべきでしょうか？

高室　管理職という言葉にはどうしても、責任が重いイメージが先行するじゃないですか。それが管理職を希望する女性の割合を下げてしまっていることもあると思う。だから管理職というもの自体のイメージが変わることも大事なのかな。

齋藤　たとえ女性の管理職が増えたとしても、「男性が一番上」というイメージを拭うのは簡単じゃないなって思います。保険会社でアルバイトしていた経験上なんですけど、管理職に就いている人は男性が多かったんですが、女性の管理職も少数いたんです。でも、支払いについてトラブルになったりすると、「男に代われ」、「女にわかるわけないだろう」とか言われることがあるんですね。男性じゃないと信用してもらえないというのが人々の意識にあるのだとしたら、それはどうしたら拭えるんだろうと。

岡部　年齢が上の人たちほど、そういう認識は強いと思うんです。それが文化だったから。じゃあどうやって変えていくのか。それが私たちの世代に託されているのかなと思ってます。

萱野　「なぜ女性が責任者なんだ」と顧客からクレームがあったとしても、変革すべきものとして女性管理職の登用は推進していくべきということですね。

岡部　はい。共学校に通う他の子の中には女だから発言を控えなきゃとか、女だからおとなしくっていう感覚があることを知って驚きました。これって、逆もあるんですよ。女だから男におごってもらうのが当たり前、とか。

萱野　そこを平等にしない限り、男女の格差はなかなか縮まらないだろうと。

岡部 そこは女性も男性も変えていかなければ、とは感じています。

萱野 これまでの日本の習慣からいって、女性が管理職になるというモデルも乏しかったし、もともとの女性社員の数が少なかったり、結婚や出産を機に女性が辞めてしまうことも多かったはずです。そうなると、今すぐ数値目標を決めて女性管理職の割合を増やしましょうといっても、そもそも人材がいなかったりする。それでも無理やり、女性管理職を増やすべきでしょうか？

岡部 それはいらないかな。能力に見合う人がいなければ、選ばなくていいんじゃないかなと思います。

萱野 でも、それだと数値目標を掲げる意味がなくなってしまわない？

岡部 安倍政権が掲げたような、２０２０年までに女性管理職３割という数字を実現できるかはあやしいと思うんですけど、でも掲げることに意味があるから。

萱野 数値目標は達成するための数字だから、達成するための努力をするということですね。では、たとえば女性が少ない職場で、他の男性社員よりも能力が劣っていたとしても、数値目標を優先して女性を管理職にした方がいいのか、と考えるとどうでしょう？ この議論でポイントになるのはこの点なんです。

高室 本人にやる気がなかったとしたら強要するものでもないとは思います。ただ、ためしに管理職になってみるというのは、ありじゃないかな。女性が管理職になることで、初めて見えてくる問題ってあるんじゃないかと思います。たとえば「仕事とプライベートを分けるのは難しいよね」とか。管理職という立場から会社全体、社会全体に発信できるようになれば、労働環境も変わっていくんじゃないかと思います。

萱野　「地位が人を作る」ということもありますよね。今までは女性が管理職につく上で、ロールモデルが少なかったので、まずは責任と権限を与えて効果を見てみようということですね。それは数値目標を立てることのメリットかもしれません。ですから、デメリットとメリットの両面をどう考えるか。

齋藤　メリットをとった方がいいんじゃないかな。国際的にみて、女性管理職の割合が低いままいくと、国力的に下がっていくんじゃないかって思います。

岡部　仕事を持つっていうのは、自分の人生を支えるっていう意味もある。だから、女性もこれだけ期待されていて、こういう生き方もあるんだよって示すためにも、もうちょっと機会を作ってほしい。

黒田　数値目標を立てることで、社会の意識や雰囲気は変わるかもしれないと思います。ただ、それだけではなくて働く前までの時点、つまり教育の面でも社会の意識を変えるような教え方をしていく必要があるんじゃないかと思います。キャリアを築くことの面白さを知る機会が、もっと増えればいいのかな。

「逆差別」だと言われたらどう反論する？

萱野　クオータ制については皆さん、ポジティブに捉えているようですね。では、女性管理職の数値目標を掲げることで、男性社員から「逆差別ではないか」と言われたとしたら、どうやって正当化しますか？

高室 正当化は難しいですね。仮にそう言われたとしたら、その相手に「管理職になったら何がしたいのか」と聞いてみて、それを実現できるように、管理職の責務を果たしたいなと思います。それで正当化できるとは思ってないんですけど、少なくとも管理職がどういう仕事をしなければいけないのか、他の人も巻き込んで考えるきっかけにはなるんじゃないかな。

岡部 でも、「女性だから」っていう理由では選ばれたくないですね。「この人に託したいから」って言われて選ばれたい。

萱野 もちろん、それが理想なんだけれど、クオータ制を入れるということは「女性だから」という理由で登用するということなんですよね。自分が社長だったとして、このことをどうやって男性社員に説得しますか？

齋藤 男性優位の現状ではダメだから、仕組みを変えていくところから始めたいっていう話しかできないですよね。

黒田 女性を育てたいっていう視点で話すしかないかな。

高室 たとえば、顧客がすべて男性であるとか、すべて女性であるっていう会社ってあんまりないですよね。それを思えば、男性だけの意見を反映させていて顧客のニーズを満たせるのか。管理職に男性も女性もいれば、それぞれのニーズを反映させられるんじゃないか。そう言ってみます。

岡部　管理職は、ある程度の期間働いていた人がなるものですよね。だから現状、その立場にいる女性の割合が少ないだけで、自分たちが管理職になる頃くらいには、そういう状況も変わってるんじゃないかなと思います。

萱野　今からクオータ制を導入しておけば、女性のロールモデルも増えてくる。そこに至るための過渡的な措置だから、その過渡期にたまたま当たって、出世が遅れたり不利益を被る男性が出てくる。それくらいはまあ、しょうがないということ？

齋藤　実際、生きていく中で不運な時期に当たることなんてたくさんあるじゃないですか。

萱野　たとえば、２００８年に起きた「リーマン・ショック」の直後は、学生の就職活動も本当に大変でした。生まれた年が少し違うだけで、そういう環境も全然違いますよね。もっと言えば、バブルの頃に就職した世代のことを考えたら、今とはまったく条件が違ったわけで。

高室　過去については、時代の流れもあるので、しょうがない、と諦めざるを得ないところなんじゃないかな。

萱野　運だから仕方ないというのは、ある程度の説得力を持つような気がします。たまたま取引先の相手と仲が良くなって出世が早くなったり、たまたま東京にいたから地方出身の人よりも出世したりということは、たくさんありますよね。運や時代の流れということでいえば、アファーマティブ・アクションが導入されている時に、たまたま女性として生きているということが、実は結構重要だったりする。

齋藤　だから今だったら、女性が管理職になっていくというのが時代の流れになっていくわけで。やっぱり、近くにロールモデルがいるというのは大事だと思うんですよ。津田塾大学に入ってから、バリバリ働いて格好いい女性の先生方の姿を見るようになって、私もこういう女性になりたいなと思ったのが自分にとっては大きかった。OG訪問をしても、そういう格好いい女性が多い。近くにそういう人がいるかどうかは、その人の人生の意思決定に関わると思います。

女子大の意義ってなんだろう?

萱野　この津田塾大学は女子大ですが、それに関連して次のような事例はどう考えたらいいでしょうか。

２０１４年に福岡県在住の男性が、福岡女子大の食・健康学科の社会人枠に入学願書を提出しました。この男性は栄養士を目指していたんですが、彼の住む福岡県内の国公立大でその資格を取得できるカリキュラムがあるのは福岡女子大だけだったんですね。また、経済的な理由から公立の大学でなければ資格取得を断念せざるを得ないと主張していました。けれども、福岡女子大は出願資格を女子に限っているため、大学側はこの願書を不受理にしました。これに対して男性は、法の下の平等をうたう憲法14条に反しており違憲だとして、福岡女子大を相手に福岡地裁に提訴したんです。
女子大というのは、ある種のアファーマティブ・アクションとして設置されてきたという面があります。つまり、高等教育を受ける機会が著しく制限されていた女性に、教育の機会を与えるために女子大はあった。でも現在、短大まで含めると大学の進学率の男女比はほとんど変わりません。逆にこの福岡女子大のケースで言えば、男性の権利を制限しているのでは?ということが問われることになるわけです。

高室　一方で、例外を認めたら女子大が女子大である意味がなくなるわけですよね。

萱野　憲法に照らして考えるとどうでしょう?

黒田　そう言われると違憲です。

齋藤　違憲だと思います。

萱野　ちなみに憲法学者の中にも、女子大は違憲なんじゃないかと考える人は結構います。ただ、憲法学者の間で議論になったとしても、実際に誰かが訴訟を起こすということに関しては現実性が薄かったんです。福岡女子大のケースでは、明らかに不利益を被る人が出てきたわけですよね。

高室　この男性が大学に入れず栄養士の資格を取得できないということで、どれだけの不利益を被るかということですね。

萱野　この男性が栄養士の資格をとりたいという時点で、本当は誰でも受けられるはずのものが妨げられてしまうわけだから、それは本人にとって大きな不利益です。それから、このケースで対象になっているのは、もともと女性が多い栄養士の資格です。その分野に、女性しか入学できない枠を設置することに、どれくらいの正当性があるでしょうか？

齋藤　社会に出た後に管理職に就く女性を増やしたり、女性が少ない分野で女性の活躍を推進するためということを考えれば、私は津田塾大には意義を感じています。

萱野　なるほど。ただ、それは「違憲だけれど意義はある」っていうことになるわけですよね。法の下の平等には反してしまう。

齋藤　福岡女子大のケースでいえば、そもそも資格を取得するカリキュラムがある公立大学がそこにしかないことが問題なんだと思います。

高室　女子大の意義という問題とも違ってくるよね、それだと。

齋藤　栄養士の資格をとるための学科が、女子大に持っていかれちゃったのはなぜなんでしょうね。

萱野　もともと女性がキャリアを積みやすい職種だったから、女子大に高等教育の場を設置して、女性の社会進出を目指したという意図もあったのかもしれないですね。とはいえ、今は教育に関しては男女での違いはあまりなくなっている。

岡部　今話しているテーマは、資格をとるための場がそこにしかないという問題と、そもそも女子だけを集めた大学を設置することに正当性があるのかという問題のふたつに分かれますよね。私は資格についていえば、栄養士を目指しているのだったら男性でも迎え入れるべきだと思います。

萱野　そうすると、女子大の違憲議論や社会的意義も薄くなっていることを考えたら、女子大はなくす方向だね？

岡部　そこで女子大に話を戻すと、女性だけを集めて勉強することの意義はあるんじゃないかなと。たとえばグループワークをやるにしても、女子だけでやるのと男女混合とでは、何が起きるかが違うと思うんですよ。男女混合でやることにも意味はあるし、でも女子だけでやることにも意味がある。

萱野　女子だけでやることで、必然的にイニシアティブをとるのも女性になる。その環境で勉強できる場の重要性を考えると、女子大の役割はまだ終わってないということかな。

岡部　男女混合の場って、いくらでもあるじゃないですか。でも女性だけでそういう場を作ることはあまりない。女性だけでグループワークをすることで学ぶこともあるし、気持ち的に助けられることもあると思うんですよね。

萱野　男女混合のグループになった時に、全部男性がものごとを決めてしまったり、女性が中心的な立場で参加できなかったり、現実的にジェンダーの差っていうのはまだまだありますからね。イニシアティブを発揮する意味でもそうだし、心穏やかに勉強するなどの要素も含めて、女性だけの教育機会を保証する機能は女子大にはあるのかもしれない。いずれにしても現在、女子大が存在する意義をあらためて考える時期に来ているということは言えますね。

あとがき

本書をこうして出版することができたのは、ひとえに東京書籍の藤田六郎氏とライターの香月孝史氏の力添えのおかげです。

まず、藤田六郎氏は本書の編集を担当してくださいました。たとえどれほど「〈女子力〉革命」というコンセプトに発展可能性があったとしても、それだけでは、授業のレポートの執筆さえままならない学生たちの考察を書籍として出版しようという、大それた考えをいだく編集者はほとんどいないでしょう。

藤田氏はしかし、その編集をこころよく引き受けてくださいました。また、それだけでなく、学生たちの考察を書籍としての出版に耐えうるレベルにまで練り上げることに多大な貢献をしてくださいました。

序文でも述べたとおり、「〈女子力〉革命」についての議論と考察がなされたのは2014年度の萱野ゼミにおいてです。それからすでに4年ほどの時間が経っています。そのあいだ、藤田氏は忍耐づよく私たちの議論に付き合い、数多くの貴重な助言を寄せてくださいました。

いま振り返っても、その力添えには文字どおり頭の下がる思いがします。通常ならサジを投げてもおかしくないほどの忍耐を必要とする仕事だったでしょう。その藤田氏の献身がなければ、本書は決して陽の目をみることはありませんでした。藤田氏に心からお礼申し上げます。

また、ライターの香月孝史氏は学生たちが書いた原稿を細かいところまでチェックしてくださったうえに、原稿をよりよいものにするための具体的な指導までしてくださいました。

その指摘はつねに的確で、私にとっても示唆に富むものばかりでした。学生たちの原稿が書物として読みうるものになっているとすれば、それは香月氏の多大な貢献によるものです。

香月氏の貢献も非常な根気を要するものだったと思います。香月氏はそれを最後まで手を抜かずに担当してくださいました。香月氏に心からお礼申し上げます。

もとより、いかに藤田氏と香月氏の力添えが本書の出版には不可欠だったとしても、本書の内容について責任を負うべきは、編者でありゼミの担当教員でもあった私です。厳しい意見があれば、それを引き受けるのは私です。

最後に、本書の論考を執筆したゼミ生たちは、ゼミでの考察を書籍化するという試みに懸命に取り組んでくれました。そのゼミ生たちもいまや大学を卒業して社会人になっています。編者が執筆者に感謝するというのは本来は筋違いなことかもしれませんが、遅々として進まなかった私の作業に対してゼミ生たちが最後まで粘りづよく付き合ってくれたことに感謝の意を表します。

２０１８年７月　萱野稔人

編者紹介

萱野稔人 かやの・としひと

哲学者、津田塾大学総合政策学部教授・学部長。1970年、愛知県生まれ。早稲田大学卒業後、フリーター生活を経て渡仏。2003年、パリ第十大学大学院哲学科博士課程修了。博士（哲学）。著書に、『国家とはなにか』（以文社）、『成長なき時代のナショナリズム』（角川新書）、『死刑　その哲学的考察』（ちくま新書）、『社会のしくみが手に取るようにわかる哲学入門』（サイゾー）などがある。趣味は、ダイエットと豊かな食生活の両立を追究すること。

〈女子力《じょしりょく》〉革命《かくめい》

人生《じんせい》100年時代《ひゃくねんじだい》を生《い》きぬくために

2018年8月14日　第1刷　発行

編者　萱野稔人《かやのとしひと》

発行者　千石雅仁

発行所　東京書籍株式会社
〒114-8524　東京都北区堀船2-17-1
03-5390-7500（編集）　03-5390-7531（営業）

執筆者　大谷由貴　岡部帆乃香　黒田美樹　小林万純　齋藤夏乃　佐藤玲衣
高室杏子　寺西瑞貴　堀場美咲　真木理衣　矢島絵里　湯本彩花　慶本彩夏
渡辺恵里佳（以上、津田塾大学メディアスタディーズ・コース萱野ゼミOG）＋萱野稔人

編集協力　香月孝史

イラスト　サトウアサミ

デザイン　勝浦悠介

印刷・製本　図書印刷株式会社

Printed in Japan
ISBN978-4-487-81130-4　C0036

出版情報　https://www.tokyo-shoseki.co.jp